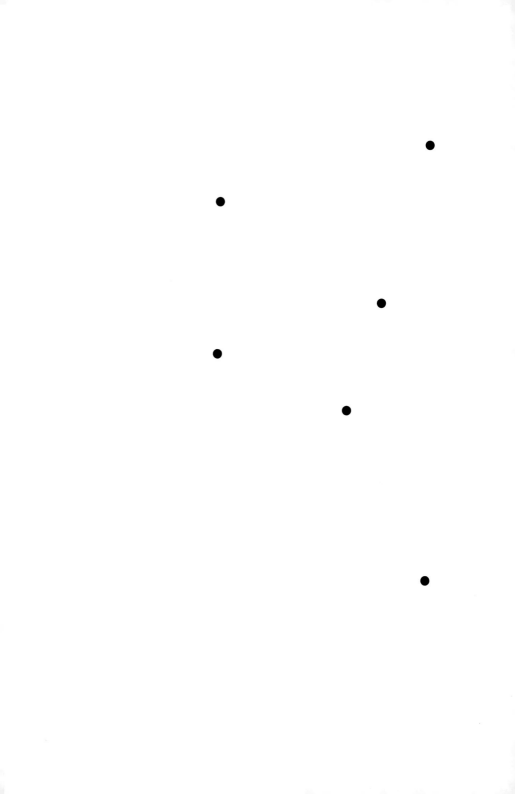

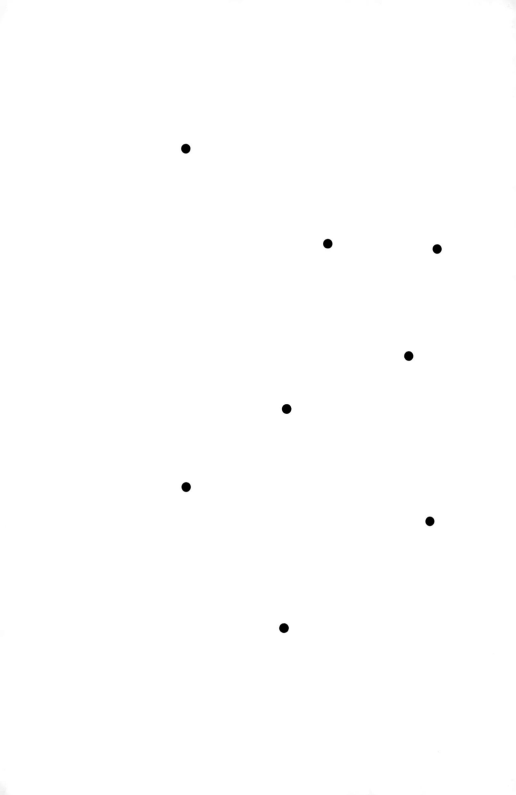

Angels are the light you see.

# THE FIRST ANGEL BOOK

WORK WITH DIVINE MESSENGERS
BETWEEN EARTH AND SKY

# 第一本天使書

卡米兒

將這本書獻給我所珍愛的父母、家人，以及我的祖先。

感謝天使、指導靈、來自光與愛的存有，

以及宇宙無限的恩典與愛，

感謝每一位帶給我啟發的老師，

感謝身邊支持我的朋友和團隊，

感謝來自各處鼓勵我的聲音，

感謝我生命裡所有的際遇、所有的經驗、所有的教導。

目錄

012 —— 推薦序
014 —— 自序

# 1 認識天使

022——天使問與答
028——關於天使的歷史記載
033——天使的層級和職責
043——大天使
060——守護天使
063——元素大天使
067——自然天使
070——動物天使
071——療癒天使
075——轉世天使
076——東方的天使
078——墮落天使

# 2 與天使連結

084——連結前的準備
093——建立與天使連結的橋樑：祈禱與冥想
098——天使回應你的方式

# 3

## 與天使溝通：透過超感官能力


118——氣場和脈輪
131——調整你的氣場和脈輪能量
134——了解你的超感官能力類型
140——保護你的氣場和脈輪
143——淨化你的氣場
149——淨化你的脈輪
151——開啟你的超感官接收器
155——與天使見面：內在寧靜之所冥想
158——練習注意細節
160——關閉你的超感官接收器


# 4

## 與天使溝通：透過工具


164——天使卡
169——塔羅牌
173——靈擺
176——靈應盤
179——自動書寫

5

## 與天使合作


182——保護
190——人際關係
195——人生使命
196——學習進修
197——工作事業
198——療癒
206——豐盛富足
208——意識擴展與靈性智慧
213——與已逝親友連結
215——日常生活

附錄A　守護十二星座的大天使
附錄B　守護第五次元主要脈輪的大天使

# 推薦序

知名國際暢銷作家 藍・馬斯登（Blue Marsden）

卡米兒與高頻存有的連結令人印象深刻，她從小就開始接觸物質實相以外的世界，擁有非常真實的體驗。她具備綜觀的能力，能夠充分整合目前天使界相關的知識和理解，同時透過她個人的經驗和穩定的通靈管道，持續將新的資訊帶到地球上。

《第一本天使書》的內容十分新穎，介紹了許多當代天使書籍中沒有出現過的新概念，例如東方天使、動物天使等重要主題，以及我們將首次接觸的轉世天使。

與傳統天使學派極為不同之處，《第一本天使書》是以非二元的觀點來理解天使界，而這也是往往最容易被忽略的領域。多數與天使相關的傳統見解偏向非黑即白的二元分類，而卡米兒的方式有助於消除不必要的恐懼。《第一本天使書》涵蓋了非常豐富、全面的內容，不僅詳細說明與天使連結的益處，同時也有利於靈性洞察和理解的快速提升，在許多人不同的成長階段給予很大的協助。

藍・馬斯登是全球知名身心靈出版社 Hay House 的暢銷作家，也是國際知名的心靈導師，協助人們與他們的靈魂藍圖連結。

# 自序

我的第一次天使經驗開始於五歲，夜晚的房間裡出現了一個巨大的閃耀光球，整個空間被銀白色的光所照亮，光球緩和地前後上下起伏，慢慢地朝我的方向移動過來。這突如其來且從未見過的景象讓我感覺緊張，我很快地坐起身窩到牆角，卻又忍不住盯著這個美麗的光球。銀白色的光籠罩著我，彷彿周圍變得有些透明，緊張逐漸被一股熟悉的安全感所取代，是一種被呵護、很安心的感覺。

自此之後，更多不同的存有進入我的生命，他們有些是不同顏色的光球，有些和我們一樣有著人的樣貌，有些則是像動物或說不出名字的生物。那一次的經驗開啟了我的超感官能力，我能夠清楚看見不同存有的光暈或形體，可以感覺到他們的存在，也可以直接與他們對話。當時其實我並不知道他們就是天使和指導靈，只是單純覺得他們是我身邊很了解我的朋友，總是很溫暖，雖然有些不多話，但是不論是在我開心還是難過的時刻，不論是我有說出口還是藏在心裡的感受，他們總是能夠適時地給予我關心和鼓勵。當我感覺疑惑，他們也會教導我從不同的角度去理解事情。有時他們會圍坐在我身邊，分享他們各自的見解；有時會拿出厚厚的書，翻閱裡面的部分章節，講述當中有趣豐富的內容，讓我最印象深刻的是符號、咒語和魔法陣。

天使、指導靈和許多不同類型的存有伴隨著我一路成長，從求學到工作，從安於父母的羽翼到一個人在歐洲生活定居，從迷失自己到踏上回家的路，從遲疑和擔憂到臣服與信任，從尋求穩定安全到依循靈魂的渴望，跨出安逸的舒適圈，為自己的使命勇於堅持和努力，為推進人類意識的提升而服務。從那時候開始，每一天我都會固定與天使和指導靈學習，紀錄並分享寶貴的內容，同時著手進行一系列要完成的寫作，而《第一本天使書》就是書單中的第一本書。

隨著人類意識的提升，越來越多人已經準備好迎接更多元、更具自主性的心靈成長，而更多不同類型的天使們也來到地球，協助我們進入第五次元的新文明。

《第一本天使書》是一本人類意識進化時代的天使入門書，以淺顯易懂的方式引領你探索天使的領域，讓你進一步認識天使，了解如何使用超感官能力和不同的工具建立溝通的管道、接收神聖的指引，以及透過簡單有效的祈請文邀請天使進入你的日常生活，在各個方面給予你協助。如果你想增進與天使溝通的品質，《第一本天使書》會教導你如何開啟第五次元的脈輪，提升你的振動頻率，加強訊息接收的穩定度，與天使合作深入靈魂累世的智慧，為你的揚升之路帶來清晰的洞見，同時協助你成為新世紀文明的療癒者、領導者、教學者、傳遞者和心靈科技的先驅。

當你開始閱讀《第一本天使書》，你已經準備好與天使合作進入靈魂層次的新階段，你的振動頻率會自動提升，讓更多的天使能夠靠近你，你的生活將充滿令人期待的愛與奇蹟。準備好與天使一起展開驚奇的探險之旅了嗎？

# 關於卡米兒

生於台北，居於倫敦。幼稚園開始第一次與天使的接觸，與天使和指導靈就像朋友一樣親近，能夠看見、聽見、知道和感覺到他們的存在，也能直接與他們溝通。隨著靈性成長，身邊開始出現不同類型的存有，包括揚升大師、獨角獸、精靈、力量動物等，也開始接收來自天使和指導靈的教導。

依循內在的引領，卡米兒明白自己這一世其中一項重要的靈魂使命，是分享、教導和傳遞來自高頻存有的神聖智慧與療癒方法，協助意識層次上已經準備好的人們成為靈性和物質之間的橋樑，在日常生活中體現靈性的品質，透過持續精進和完善自己，進而提升人類集體意識和星球意識，成為新人類的先驅。

目前，卡米兒持續接收天使與指導靈的智慧教導，陸續發展出新的能量療癒架構與方法，以務實簡單的方式將靈性智慧融入日常生活，同時專注於天使、指導靈、卡巴拉、靈性數字學、水晶意識、靈魂藍圖等相關書籍和牌卡的寫作。

卡米兒具備以下國際認證資格：

卡巴拉天使療癒創辦者和培訓老師 | Kabbalah Angel Healing Founder & Teacher
卡巴拉天使療癒師 | Kabbalah Angel Healing Practitioner
水晶意識療癒創辦者和培訓老師 | Crystal Consciousness Healing Founder & Teacher
水晶意識療癒師 | Crystal Consciousness Healing Practitioner
靈魂藍圖解讀師培訓老師 | Soul Plan Teacher
靈魂藍圖解讀師 | Certified Advanced Soul Plan Reading Practitioner
靈魂轉化療癒師 | Certified Soul Transformation Practitioner
亞特蘭提斯能量槳療癒師 | Certified Atlantean Paddles Healing Practitioner
情緒釋放技巧治療師 | Emotional Freedom Technique (EFT) Practitioner

著作：

第一本天使書 | The First Angel Book: Work with Divine Messengers between Earth and Sky
大天使訊息卡：第一輯 | Archangel Message Oracle Cards: Volume 1
內在女神：擁抱神聖女性能量 | Goddess Within: Embrace Your Divine Feminine

# 1

# 認識天使

在世界上許多文化和宗教典籍裡都能找到天使的足跡，從古至今他們以不同的形式出現在我們身邊，協助我們在物質和心靈層面獲得支持、保護、療癒和指引。

天使是神聖的存有，但是並非神聖存有就是天使。當神聖存有執行特定任務，他們成為天使。天使之所以是天使，是因為他們的職責，而非他們存在的樣子。

# 1/1 天使問與答｜Questions about Angels

Q——什麼是天使？天使的任務是什麼？

A——天使是來自光與愛的神聖存有，超越物質和形體，不受時間和空間的限制。他們的主要任務是傳遞訊息，以人類的觀點來說，天使是連結一切萬有和物質實相的橋樑，陪伴我們透過意識擴展和生命體驗逐步回歸神聖源頭，在回「家」的過程裡，給予我們協助、指引和教導。

Q——天使是否有身體？

A——天使是純粹的光，散發著愛的振動頻率，他們是非物質的存有，因此沒有身體，也沒有性別之分。當天使來到地球執行任務，他們可以選擇我們看得見的外在形象出現，但是不一定會用閃閃發光、背後有雙翅膀的樣貌。

Q——許多藝術畫作中，為什麼天使總是穿著長袍、背後一定有翅膀？

A——在文藝復興時期，許多藝術家認為天使是從天而降來到人間，因此賦予天使一雙翅膀的形象。許多畫作裡，天使擁有如同人類一般的外貌，代表天使與人類很親近，而翅膀則成為區分天使和人類的方式。天使也具有神聖的象徵，因此以身穿長袍的方式來表達尊榮與智慧。

Q——天使說什麼語言？

A——十六世紀文藝復興時期的卡巴拉學者海因里希．科尼利厄斯．阿格里帕（Heinrich Cornelius Agrippa）在著作《秘教哲學》（Three Books Of Occult Philosophy）裡記載一種由希伯來文和希臘文延伸出來的神秘天界字母（Celestial Alphabet），相傳是天使使用的語言。使徒保羅（Paul）在《哥林多前書》（Corinthians）也有提到關於天使之語（Tongues of Angels）的敘述，從我個人詮釋的觀點來看，總結出這段深感共鳴的文字：「即使我會人類使用的文字，即使我能理解天使的話語，即使我擁有先知的能力，如果我沒有愛、沒有信任、沒有良善之心，那麼從我口中所說的一切都沒有意義，而我也不真的擁有什麼。」

文字和語言是物質的產物，並不能完整傳遞無形的意識，天使主要透過心電感應來溝通，而接收的人會依照自身所能觸及的程度、方式和會的語言來理解天使的訊息。因此，當你用中文祈禱，文字的振動頻率會形成心電感應傳遞給天使，天使可以完全理解你想要表達的內容。另外，很重要的是，天使所說的話語必定是充滿愛與啟發，如果我們時常讓內心充滿愛與信任，我們就能更穩定地與天使交流。

Q——天使的數量有多少？

A——傳統天使學記載的天使數量有五位、七位、十二位、十五位不等，有些宗教信仰的文獻則認為天使的數量多到難以計數。進入寶瓶世紀後的新時代，許多框架和限制開始瓦解，隨著人類的意識擴展，越來越多的天使會來到地球與準備好的靈魂共同合作。天使的數量絕對不會短缺，這個世界需要多少天使，就會有多少天使存在著。

Q——墮落天使是否存在？

A——在基督教、猶太教和伊斯蘭教的教義中，墮落天使是指從天堂被驅離的天使，因為他們失去了純粹的愛所散發出來的神聖之光。在寫關於墮落天使的章節時，一位廣為人知的墮落天使與我連結，藉以傳遞與墮落天使相關的訊息，過程並不讓人感到畏懼，反而是一種理解和感動。

Q——每個人是否都有一位守護天使？

A——每個人一生會有至少一位守護天使，從你出生到死亡，你的守護天使一直非常靠近你，如影隨行。

Q——守護天使可以是大天使嗎？

A——傳統天使學認為守護天使不會是大天使，一方面是因為守護天使和大天使的職責不同，一方面是人類的意識和振動頻率無法觸及大天使的所在之處。然而，隨著人類意識擴展，越來越多人能夠透過冥想或不同類型的方式提升自己的振動頻率，也有越來越多人渴望與大天使合作，共同為人類、為自然環境、為地球盡一份力。因此，在提供天使解讀的經驗裡，我發現有些人的守護天使之一的確是大天使，而這些人的共通點往往是渴望服務、渴望為社會帶來正向的影響力、渴望完整體驗靈魂的課題、渴望充分展現自己的人生使命、渴望成為人類集體意識提升的驅動力。

Q——人類可以成為天使嗎？

A——人類的存在形式不同於天使，即使完成在地球上所有的課題，不再輪迴轉世於地球，人類的靈魂仍有其他的學習，因此人類不會成為天使，但是那並不代表我們不能擁有如同天使般的品質。

Q——天使可以轉世為人嗎？

A——一般來說，天使沒有身為人類的經驗，除非有任務在身，才會以人類的形式傳達神聖的教導，但是鮮少以輪迴轉世的方式現身。由於天使沒有自由意志，也沒有小我的部分，因此即使有人類的樣貌，仍是神聖意識的訊息傳遞者，例如大天使麥達昶（Archangel Metatron）曾是智者以諾（Enoch），將記載了神性智慧的《拉吉爾之書》（The Book of Raziel）傳授給亞當（Adam）、諾亞（Noah）和索羅門（Solomon）；而大天使聖德芬（Archangel Sandalphon）曾是先知以利亞（Elijah），將神的祝福透過詩歌傳遞給人們。

Q——天使有不能做的事嗎？

A——儘管天使樂於提供幫助，以下幾種情況，天使不能隨意干預、影響或涉入，第一種是不能改變業力法則，天使可以幫助人們培養仁慈之心，進而平衡因果課題，以積極的方式去面對生命經驗，同時為自己的人生負起責任。第二種是不能修改靈魂計畫，天使尊重且榮耀人類的自由意志和自由選擇的權利，完全信任所有人都能從自己的靈魂計畫中獲得最高益處。第三種是不能影響神聖秩序，一切的發生都有最完美的安排，所有事都會在最適合的時間點出現，天使能夠幫助人們做好準備，給予支持和鼓勵，同時提醒我們保持信任與耐心。第四種是不批判和不懲罰，天使無不會對我們所說、所想、所做、所感受到的一切做審判，而是引導我們從更高的角度去評估和判斷，不論最終我們選擇什麼，在天使眼裡我們都是可愛的樣子。最後，天使不能移除我們需要學習的課題，儘管有些挑戰不容易，我們必須努力學習和跨越，過程中，天使會支持我們教訓中取得寶貴的洞見。

Q——如何選擇最適合自己的方式與天使連結？

A——你可以在許多書籍或網路資源中找到各種與天使連結的方式，但是你如何知道什麼該相信、什麼該忽略、什麼方式真的能夠讓你與天使連結，而什麼其實並沒有用？最簡單的回答是：去嘗試。

## 1／2 關於天使的歷史記載｜Historical Records

從歷史的角度來說，人類很早以前就意識到天使的存在，甚至在有文字和圖像的記錄之前，天使很可能已經與人類有所接觸。一開始，人類需要某種連結的幫助，來彌補地球（人類的層次）與天堂（神聖的層次）之間的差距。當人們開始有了求神、祭拜和祈請的儀式，這方面的需求就變得更顯著了。在古代異教的宗教信仰裡，人們相信地方性的神明（local gods）會駐留在地球上，為人類傳遞訊息給居住在天堂或更高層次的神明（divine gods）。有些宗教信仰只有單一的神明，而這個神明會遣派信使將訊息傳遞給人類。不論是哪一類的宗教信仰，這些連結人類與神（源頭或一切萬有）的橋樑，為地球帶來神聖訊息的存有，就是天使。

有關天使的文獻記錄可以回溯至西元前三千年的蘇美（Sumerian）文明，當中提及「神的信使」一詞，描述一種非人非神的存有，為人類帶來神的指引。西元前九百年的亞述（Assyrian）文明有許多石雕刻畫的文獻，在守護城門處，常見到城牆上刻畫出外形是人類，但是背後有翅膀的存有，負責看守國土和人民的安全。西元前六百年的波斯（Persian）文明提及萬物之神（Ahura Mazda）之下有七個豐盛之神（Amesha Spentas），分別代表萬物之神的七個不同面向，是萬物之神下的第一個階層。在豐盛之神的管轄裡，有一群看管地球心靈和物質進展的敬重之神（Yazatas），位於萬物之神下的第二個階層。第三個階層，也是最後一個階層，則是守護每個人的天使（Fravashi）。

中世紀神學家聖多瑪斯·阿奎納（St. Thomas Aquinas）的著作《神學大全》（Summa Theologica）裡提到：「每一位天使都是神親手創造出來的存有，在他們之內沒有任何物質，也沒有肉身，他們是純粹的靈。所有的天使都屬於同一個來源，但是每一位天使又具有其獨特性，因此沒有一個天使是相同的。」這也說明，天使是由數種來自源頭共同的基礎特質所構成，當中包括：

1 愛是宇宙最基本的法則，也是天使最重要的核心品質。神用「純粹的愛」創造了天使，天使是神聖之愛的延伸，也是將愛帶到人間的橋樑。

2 舊約聖經裡提到，當神創造天使，神賦予天使「淵博的知識」，有能力明白一切事物的架構。與人類不同，天使的知識不透過物質的大腦運作，而是以超越物質的意識型態存在於萬事萬物裡。

3 天使擁有強大的「內在力量」，透過聲音的振動頻率去創造、顯化和執行任務；當天使以人類的樣貌出現在地球上，他們身體的每一個器官如同樂器一樣，產生和諧的聲音共鳴，不論是在行走，還是說話，都散發出一股具穿透性的神聖能量。

4 「光」是天使的必要組成之一，在舊約聖經裡用光的存有來形容天使，穆斯林（Muslim）文獻裡記載神用光創造出天使，現代天使學裡提到天使與不同顏色的光所產生的頻率有共振。

5 天使不會死亡、分離、消散，也不會因時間或空間而有所改變。由於物質本身就是一連串非持續性的變動，因此不具任何物質成分的天使，就是「永恆不滅」的存在。

從古至今，人類對天使有種複雜的情感，綜合了敬畏、恐懼、困惑和嫉妒。敬畏之心來自於天使是神聖的存有，比人類更靠近神明。恐懼來自於無力感，因為天使似乎具有懲罰和祝福人類的能力。困惑是因為天使存在於不同的層次，人類難以定義天使究竟是什麼，也很難預測天使會以什麼方式出現。嫉妒是因為人類認為天使居住在比地球更美好的地方，而且比人類更進化、更有力量，也更能享受生活。

儘管如此，人們仍保留了有關天使的記錄，相信天使是神聖訊息的傳遞者，連結了地球與天堂。從聖經舊約的第一章創世紀到新約最後一章的啟示錄，天使的記錄一直存在，尤其在最後審判和世界末日的預言裡，扮演了重要的角色。猶太教（Judaism）和伊斯蘭教（Islam）的傳統裡，也豐富地記載了天使的敘述，多數內容與基督教相同。《希伯來偽經》（Hebrew Apocrypha）和後來延伸出來的卡巴拉（Kabbalah）神秘學擁有許多重要的敘述，包括天使的名字和職責，他們相信天使無所不在，守護著地球上所有的生物。《猶太法典》（Talmud）中提到：每一株小草的葉片都有一個天使守護著，對著小草說「長大吧！」。伊斯蘭教相信天使的數量眾多，《古蘭經》（Qur'an）形容天使如同天空掉落的雨滴般來到地球。

傳統天使學所涵蓋的內容與宗教有很深的關聯，隨著新時代的來臨，許多框架和限制性的信念開始瓦解，人們擁有更多的自由，依循各自的需要或渴望，去選擇真正想要走的道途，透過各種形式的祈禱、冥想或儀式獲得內在的平靜。

天使的數量無可計量，隨著人類的意識擴展，更多的天使來到地球，協助地球上的每一個居民、每一種生物依循自己的使命共同成就集體的提升。天使也有許多種類型，如同人類也有許多不同的種族，但是他們的共通點都是愛，是帶來和平的神聖使者。

## 1/3 天使的層級和職責｜The Angelic Hierarchy

關於天使的層級，自古以來有許多不同的說詞與定義，很多人嘗試從不同的角度去理解天使的層級，以及他們的職責範圍，然而不論是哪一種理論，我們也只能用人類所能理解的層次去描述，難以完整詮釋所有的細節。雖然如此，我相信當人類與天使有更緊密的連結，我們會更了解天使，包括他們身上的品質和他們來自的國度。

這裡我要介紹的天使層級來自天主教定義的架構，原因和宗教信仰無關，而是這個架構與我的天使經驗相呼應，我能夠在這個架構上找到共鳴之處。在寫這本書的同時，我透過冥想與不同的天使連結，希望能夠將最適合的資訊帶給大家。當然，你也可以透過任何你感覺有相呼應的架構來認識天使的層級。

天使的層級分成三個階層，分別代表三種概略的角色任務，每一個階層包含三種不同的天使職責領域，不論天使位於哪一個階層，或是負責哪一種領域，他們的共同點都是在傳遞愛與和平。在地球上，我們可能只會接觸兩至三種不同類別的天使，這是因為有些天使的職責超越了我們所能參與的部分，但是知道在我們理解之外還有許多天使存在，是一件很美好的事。

我所理解的天使層級並非以由上到下的架構制度來排列，而是三個階層圍繞著愛以及其他神聖的品質，彼此平行存在。天使由愛以及這些神聖品質所構成，這也是為什麼天使所到之處，總是散發著美好正向的氛圍。

## 第一層——來自天堂的輔導員

### 熾天使——Seraphim

熾天使位於天使層級的最高階，他們的光非常純粹和閃耀，以致於人們很難看到他們的樣子。熾天使的英文源自希伯來文 seraph 的字根，有「燃燒」的意思，散發著紅色火焰之光，因此也被稱為火蛇（fiery serpents）。古老的猶太典籍《創世之書》（Sefer Yetzirah）裡提到熾天使存在於創造界（The World of Creation），那裡充滿了熾熱的火焰，是從無到有的起點，是萬物創始的開端。熾天使通常以六翼的形象出現，每一對翅膀有不同的使命：第一對翅膀遮掩了頭部，因為神聖之光是如此閃耀而難以直視；第二對翅膀用於飛翔，代表為神聖源頭服務是一種自由的榮耀；第三對翅膀覆蓋了雙腳，體現出謙虛、尊重和信任的品質。

熾天使象徵了「因神聖源頭無條件的愛而身處於喜悅中」的品質，在《摩西五書》(Five Books of Moses) 中，形容熾天使在最靠近神的地方，讚美神的恩典，並且將永恆的真理與愛化做正義與慈悲，為整個宇宙和一切萬物帶來能量上的進化，以及純粹的療癒之光。

## 智天使——Cherubim

智天使對宇宙和恆星非常熟悉，充滿智慧與真理，他們是阿卡沙紀錄 (Akashic Records) 的監護者，對宇宙所有發生的事件都瞭若指掌，包括念頭、言談和行為。智天使也被稱為基路伯，最常見的形象是天真可愛的嬰兒，在許多文藝復興時期的畫作和教堂壁畫上可以找到智天使的蹤跡。回推到西元前兩千年的亞述 (Assyrian)

時期，智天使並非以小天使的樣貌出現，而是有著人的面貌、獅子或公牛的身體和老鷹翅膀的神獸。先知以西結（Ezekiel）對智天使的樣貌有清楚的描述：智天使的移動速度很快，散發著閃耀光芒，同時有四個不同的面，包括人、獅子、公牛和老鷹。

在聖經詩篇（Psalms）和出埃及記（Exodus）裡提到，當神具體顯化在物質實相，這股能量會安處在一個用金合歡木（acacia wood）製成的木櫃裡，櫃蓋兩端各有一個智天使，兩個智天使彼此相對，翅膀向上張開遮住櫃蓋，櫃子裡放置了神與古以色列人所簽訂的契約，這個契約就是先知摩西（Moses）在西奈山（Mount Sinai）上獲得的兩塊十誡法板（Ten Commandments），而這個木櫃被稱為約櫃（Ark of the Covenant）或法櫃，只有身為祭司資格的人才能抬扛，其他人則不得觸碰。約櫃是古以色列人的聖物，櫃蓋旁的兩個智天使提醒著人們謹記神的恩典，以良善之心行良善之事。智天使協助人類在神的恩典裡走上靈性之路，鼓勵人們善用自由意志去選擇真正讓自己圓滿的道途，以仁慈之心平衡累世的業力，最終走向合一與自由。

與其他的天使相比，座天使顯然有很不同的形象：雙輪交叉，輪軌中佈滿眼睛，散發著翠綠色的光芒。座天使和智天使合作密切，是正義和意志的象徵，負責宇宙意識的轉換和變化。座天使負責將形而上的神聖品質透過知識的教導和實用的方法顯化在物質實相，協助宇宙萬物知曉自身存在的意義、實踐人生使命，在面對重大決定的時刻，能夠以較高的視野檢視生命的經驗，在正義與仁慈之間取得平衡，獲得自我價值的完成，同時展現無條件的愛與理解。座天使確保宇宙以和諧的方式運行，所有的生物也自發性地學習和成長，透過逐漸增長的智慧，使小我心智得以轉化成高我之光。由於目前地球意識處於提升至更高層次的過程，座天使積極地將公正與和平的能量帶到地球，協助地球上所有的居民，包括人類，持續擴展意識，與地球一同進化。

## 第二層——來自天堂的保護者

### 主天使——Dominions

主天使是神聖的領導者，展現出威嚴的領袖氣息，負責管理宇宙秩序。主天使通常以長了一對羽毛翅膀的人類形象出現，頭部上方閃耀著光球，身上配戴著寶劍。主天使是守護國土的天使，輔助地球上所有的領袖人物。當國際間發生衝突或災難，主天使會協助國家領導人或精神領袖秉持正義，以服務人民的福祉為目的。

依舊約聖經記載，位於死海東南方的兩座城市索多瑪（Sodom）和俄摩拉（Gomorra）陷入一片黑暗，大部份的居民已失去良善之心，所言所行都背離了光，因此神派遣兩位天使前往，將仍有勇氣主持公道、對抗強權的居民送往安全之處，隨後從天空降下燃燒的硫磺雨，兩座城市頓時化為灰燼，所有的罪惡消融在火焰裡，一切再次回到初始狀態，而這兩位展現公正與正義的天使就是主天使。

# 力天使——Virtues

力天使閃耀著純淨的光芒，是奇蹟的執行者，協助那些渴望把不可能變為可能的人實現夢想。力天使負責監督天體的運行，看顧神聖秩序和生命之流，依循自然法則確保地球上所有生物之間的和諧，將和平、祝福和寧靜傳遞到每個人的頭腦思維裡，在人們感覺無助、有壓力的時候，或是在夢境裡，給予溫暖的啟發和鼓勵，提醒人們全然臣服與信任的重要性。

在《使徒行傳》(Acts) 中，提到保羅 (Paul) 在傳道期間面臨了強大的阻力，在接受羅馬皇帝凱薩 (Caesar) 受審前，保羅看到一位天使站在他的面前，告訴他：「你無須害怕，在這條路上，你不孤單。」這位帶著勇氣，保持信任，一切安好。」這位帶來希望和堅定的天使就是力天使。希伯來偽經裡描述夏娃 (Eve) 在第一次生產時，有兩位天使分別站在夏娃的兩側，給予夏娃陪伴、鼓勵和安撫，這兩位天使也是力天使。力天使將穩定的力量植入人們的內心，協助人們在生活中無畏強權，有勇氣展現自己的真理。

能天使——Powers

能天使負責捍衛和保護這個世界，防止黑暗與邪惡的侵襲，是人類歷史的守護者，領導宗教的發展。《以弗所書》(Ephesians) 裡提到，真正帶來痛苦的不是血肉之軀，而是對黑暗的恐懼和屈服。能天使提醒人類檢視自己的起心動念，選擇以仁慈與善意做為言行舉止的指標，避免在地球上創造衝突、破壞和戰爭。能天使充滿純粹的慈悲之愛，他們將光送到世界的每一個角落，協助轉化人性陰暗面和國家層面的業力。

## 第三層——來自天堂的訊息傳遞者

權天使——Principalities

權天使是政治和宗教的保護者，與力天使合作密切，協助執政和人權相關的議題獲得解決。權天使啟發人類在藝術和科學的發展，也負責保護靈性智慧的傳承。權天使與那些想要讓世界變得更好的領導者有強大的連結，透過科學揭開靈性的真理，讓更多人能夠接觸到自己神性的一面。權天使的形象是頭戴皇冠，手持權杖，將主天使的旨意化作祝福傳遞到地球上，引導人們透過祈禱、冥想、閱讀心靈書籍、參加志工服務來體現靈性的品質。權天使經常與守護天使合作，在人們遇到困難和挑戰、陷入焦慮和擔憂的思緒時，提醒人們再次與神聖源頭連結，並且將創意的解決方案化做靈感傳遞給人們，協助每個人獲得最高益處。

## 大天使——Archangels

大天使是所有守護天使的帶領者，不受空間和時間的限制，能夠同時出現在不同地方，依照不同職責和專長負責規模較大的任務，例如大天使加百列（Archangel Gabriel）是神聖訊息的傳遞者，在《路加福音》（Luke）裡提到大天使加百列曾探訪聖母瑪莉亞（Mother Mary），並告知她將產下耶穌基督（Jesus Christ）的訊息；在伊斯蘭教裡，大天使加百列將《古蘭經》所有的內容傳遞給先知穆罕默德（Muhammad），給予他傳道的啟示。大天使的數量非常多，只有一些比較廣為人知，然而隨著人類的意識擴展，會有越來越多的大天使與人類有更密切的合作。

天使 — Angels

天使位於層級中的最外層，與人類有最頻繁的接觸，也是我們最容易連結到的天使類型。天使的數量難以計數，依照專長，天使細分為不同的群組，例如療癒天使、轉世天使、自然天使、動物天使和守護天使等。當你祈請，不用擔心你不知道這些天使的名字，你可以直接用「天使」為開頭，因為最適合協助你的天使會自然出現。如果你針對某個天使來祈請，那麼這個特定的天使會聽見你，沒有任何例外。

# 1／4 大天使—Archangels

大天使能夠同時出現在不同地方，不受空間和時間的限制，當你祈請大天使來到你身邊給予你協助，你並不會打擾或干擾他們執行其他的任務。

大天使沒有肉身，也沒有性別，他們只有能量上的區分，例如大天使麥可強而有力的保護特質屬於陽性能量，而大天使漢尼爾充滿寧靜與和諧的氛圍則散發出陰性的特質。多數大天使的名字以 el 結尾，這是因為在古希伯來文裡，el 有著神性的意思；另外大天使的名字都具有神性的某項特質，透露出大天使的主要職責與任務。

關於大天使的數量，不同的文獻典籍有不同的詮釋，隨著人類意識的擴展，有更多的大天使已經來到地球，協助那些準備好展開第五次元旅程的人們持續走在揚升之道上。寫這一章節的同時，我與多位大天使保持密切連結，以確保接收下來的文字符合他們想要傳遞的內容。

大天使亞列爾｜Archangel Ariel

大天使亞列爾守護精靈國度和動物王國，協助大自然的和諧運作，以及生態環境的平衡。任何和野生動物、地球環境、自然生態等相關的療癒，都是大天使亞列爾的任務範圍。大天使亞列爾也能協助我們提升關係的和諧度，增加人與人之間的互助合作，同時促進不同種族和文化的交流。

名字含義：神的獅性
顏色光暈：淡粉色
天使層級：能天使
對應水晶：粉晶

大天使艾瑟瑞爾｜Archangel Azrael

大天使艾瑟瑞爾給予臨終的人關懷與安撫，護送離世的人平安離開物質實相，進入充滿光與和平的星光界。同時，協助在世的家庭成員從悲痛中獲得療癒，在生命裡看見祝福。大天使艾瑟瑞爾也能為你的已逝親友傳遞來自天堂的訊息，讓你知道你所愛的人一切安好。

名字含義：神所幫助者
顏色光暈：乳黃色
天使層級：熾天使
對應水晶：乳黃色方解石

## 大天使博克拜 — Archangel Bhokpi

大天使博克拜是鳥類王國的守護者，維護鳥類品種的多元性，同時透過鳥叫聲傳遞宇宙和諧的樂音，協助人類維持較高的振動頻率。大天使博克拜也能派遣不同種類的鳥到你身邊，給予你提醒、指引和能量修復。

名字含義：神的聲音
顏色光暈：橄欖綠

天使層級：力天使
對應水晶：橄欖石

## 大天使夏彌爾—Archangel Chamuel

大天使夏彌爾能夠協助你擴展人際關係、找到符合人生使命的工作、尋回遺失的物品，也能療癒你內心的傷痛，釋放罪惡感和不甘心，化解誤會和衝突，協助人們透過愛和慈悲來互動，恢復親密關係的和諧。

名字含義：神的見證者
顏色光暈：淡綠色
天使層級：熾天使
對應水晶：綠色螢石

## 大天使克利斯提爾—Archangel Christiel

大天使克利斯提爾是轉世天使的帶領者，能夠協助你記起靈魂累世的選擇和決定，看見每一個行動所帶來的結果，你會更深刻了解靈魂永生的真相。大天使克利斯提爾也能協助你接收神聖智慧，穩固與高頻存有連結的管道。

名字含義：神之手
顏色光暈：銀藍色
天使層級：智天使
對應水晶：藍晶石

## 大天使加百列—Archangel Gabriel

大天使加百列是訊息的傳遞者，能夠協助你通過溝通的阻礙和恐懼，展現自信與勇氣去表達自己的觀點。大天使加百列也能在任何有關受精、懷孕、領養小孩和兒童方面的問題給予你協助。

名字含義：神是我的力量
顏色光暈：黃白色
天使層級：智天使
對應水晶：透石膏

## 大天使漢尼爾｜Archangel Haniel

大天使漢尼爾能協助你擴展社交圈、認識新朋友、找到靈魂伴侶，也能協助你增進超感官能力的敏銳度，平衡女性能量，在生活裡加入寧靜與和諧，給予你信心，在重要場合能夠自在展現自己。

名字含義：神的恩典
顏色光暈：霧白色
天使層級：力天使
對應水晶：月長石

## 大天使耶禾迪爾｜Archangel Jehudiel

大天使耶禾迪爾能夠協助你提升自信心，依循人生使命前進，有勇氣追尋自己的夢想，做真正讓你有熱情的事。大天使耶禾迪爾樂於協助你發揮領導能力，完成責任的同時，也能從中獲得成就感。

名字含義：神的讚賞
顏色光暈：淡紫色
天使層級：大天使
對應水晶：紫鋰輝石

## 大天使耶利米爾 — Archangel Jeremiel

大天使耶利米爾能夠協助你傾聽你的心，跟隨你的內在熱情去創造符合你最大益處的事物，確保你走在落實人生使命的道途上。大天使耶利米爾也能夠協助你了解夢境的意義，從你的人生經驗裡獲得洞見和成長。

名字含義：神的仁慈
顏色光暈：深紫色
天使層級：大天使
對應水晶：紫水晶

## 大天使約菲爾— Archangel Jophiel

大天使約菲爾充滿愛與關懷的本質，能夠協助你放慢腳步，看見圍繞在你四周的美好，在生活中經驗到祝福與恩典。大天使約菲爾也能夠協助你釋放負面能量，保持信心，順應生命之流，以積極的態度迎接轉變所帶來的契機。

名字含義：神之美
顏色光暈：黃色
天使層級：智天使
對應水晶：黃水晶

## 大天使瞿伊斯— Archangel Joules

大天使瞿伊斯守護海洋王國，確保海洋生物和生態環境的和諧，引導來自宇宙的愛與智慧進入海洋，協助地球上每個居民的意識提升。大天使瞿伊斯能夠協助你透過沐浴、飲水、游泳等時刻吸收揚升之光，讓身體裡的每個細胞充滿生命力。

名字含義：神的淨化
顏色光暈：湖水綠
天使層級：座天使
對應水晶：綠玉髓

大天使瑪瑞爾—Archangel Mariel

大天使瑪瑞爾能夠平衡你的男性和女性能量，協助你從靈魂的角度檢視事情，以你的最高益處採取實際的行動。大天使瑪瑞爾也能夠協助你與神聖祖先的智慧連結，啟動靈魂累世的天賦與潛能。

名字含義：神的記憶
顏色光暈：紫紅色
天使層級：智天使
對應水晶：紅玉髓

大天使麥達昶—Archangel Metatron

大天使麥達昶曾轉世於人間，是先知以諾(Enoch)。大天使麥達昶協助彩虹和水晶小孩，以及靛藍成人適應地球環境，讓這些新時代靈魂能夠保有靈性的天賦，看見自身獨特的價值，學習表達自己的觀點和感受，為人類個體和集體開創下一個新世紀。大天使麥達昶負責將神聖源頭的能量引導至每一個地方，確保萬物處於平衡、和諧的狀態。麥達昶神聖幾何立方體（Metatron's Cube）涵蓋所有創世的原型，是靈性能量具體顯化在物質實相的架構，是獲得內在平靜、消融失衡能量、轉化限制性信念、與源頭能量調頻的媒介。

名字含義：存有的天使
顏色光暈：紫色
天使層級：熾天使
對應水晶：西瓜碧璽

## 大天使麥可——Archangel Michael

大天使麥可能夠給予你勇氣和力量去落實夢想，實踐你的人生使命，看見自己真正的價值。大天使麥可能夠守護你的安全，同時給予你所愛的人完整的保護，免於受到任何負面能量的侵襲。

名字含義：如同神的人
顏色光暈：深藍色
天使層級：熾天使
對應水晶：舒俱徠石

## 大天使佩彌尼利克—Archangel Preminilek

大天使佩彌尼利克守護昆蟲王國，確保所有的昆蟲完整體驗地球的生態環境，同時透過不同種類的昆蟲，將具有啟發的智慧帶給人類。大天使佩彌尼利克也能夠協助你更敏銳覺察出現在身邊和夢境裡的昆蟲，並且從中獲得啟發。

名字含義：神的頻率
顏色光暈：黃綠色
天使層級：力天使
對應水晶：綠色蛋白石

大天使帕里米克｜Archangel Purlimiek

大天使帕里米克是植物王國的守護者，確保地球上所有的植物和諧生長，協助樹木扎根於地球，增進花朵授粉的機率，提高物種多樣性，同時引導和平的能量透過樹木釋放的氧氣和花朵散發的香氣傳遞到每個角落。大天使帕里米克也能夠強化你與地球的連結，更能敏銳覺察大自然所給予的徵兆和指引。

名字含義：神的呼吸
顏色光暈：藍綠色
天使層級：力天使
對應水晶：天河石

大天使拉貴爾｜Archangel Raguel

大天使拉貴爾是公平與正義的象徵，為弱者帶來力量。大天使拉貴爾能夠協助你在人際關係中真實表達自己的感受和觀點，以平衡的方式與他人互動，協助你在混亂的情境中看見真相。

名字含義：神的朋友
顏色光暈：淡藍色
天使層級：主天使
對應水晶：海水藍寶

## 大天使拉斐爾—Archangel Raphael

大天使拉斐爾能夠在各種層面帶來療癒，包括身體、情緒、心智和靈性。大天使拉斐爾時常與其他大天使合作，為受傷的動物、昆蟲和植物帶來療癒，也會保護旅行者的安危，確保旅程平安順利。

名字含義：神的療癒
顏色光暈：深綠色
天使層級：智天使
對應水晶：綠寶石

## 大天使拉吉爾——Archangel Raziel

大天使拉吉爾能夠協助你探究神秘的領域，包括夢境和煉金術，協助你創造豐盛，提升超感官能力的敏銳度，擴展靈性智慧，將你渴望的事物顯化到生活裡。

名字含義：神的秘密
顏色光暈：白色
天使層級：座天使
對應水晶：白水晶

## 大天使薩瑞爾——Archangel Sariel

大天使薩瑞爾能夠協助你創造充滿愛的人際關係，為關係中的每個人帶來療癒和提升，同時協助你透過夢境獲得真知洞見，有勇氣將你的智慧分享出去。大天使薩瑞爾也是強大的療癒者，能夠緩解上癮症狀，給予上癮者和他的家人支持與保護。

名字含義：神的指揮
顏色光暈：紅色
天使層級：主天使
對應水晶：紅色尖晶石

大天使聖德芬— Archangel Sandalphon

大天使聖德芬曾轉世於人間，是先知以利亞（Elijah）。大天使聖德芬能夠透過音樂為你淨化恐懼和擔憂所帶來的干擾，協助你展現力量和勇氣，以清晰的洞察力通過困境。

名字含義：兄弟
顏色光暈：土耳其藍
天使層級：大天使
對應水晶：綠松石

大天使烏列爾— Archangel Uriel

大天使烏列爾能夠將光帶入任何困境和挑戰，增進分析和解決問題的能力，協助你清晰思考，找到適合的解決方案。如果你需要指引或靈感，大天使烏列爾也能為你吸引需要的資源。

名字含義：神是光
顏色光暈：淡黃色
天使層級：力天使
對應水晶：琥珀

大天使薩基爾—Archangel Zadkiel

大天使薩基爾能夠協助你記起自己的神聖使命，療癒罪惡感，釋放偏見和對他人的不諒解，協助你以寬恕和慈悲接納已經發生的事，被無條件的愛所圍繞。

名字含義：神的公正
顏色光暈：靛藍色
天使層級：主天使
對應水晶：青金石

## 大天使薩菲爾｜Archangel Zaphiel

大天使薩菲爾能夠為孩童帶來保護，守護他們不受到傷害，也能療癒內心的傷痛和憤怒，協助你透過慈悲之情原諒自己和他人的過錯，給予你陪伴，讓你知道你並不孤單。

名字含義：神的智慧
顏色光暈：深紅色
天使層級：座天使
對應水晶：石榴石

# 1／5 守護天使｜Guardian Angels

每個人一生會有至少一位守護天使，從你出生到死亡，你的守護天使一直非常靠近你，如影隨行。他們對你的愛是無條件的，不管你說了什麼或做了什麼，都不會改變這件事。你需要做的是去相信有個愛你的隱形同伴在你身邊，樂於協助你、給予你指引。

你可以透過簡單的祈禱建立你與守護天使的連結，每一次的嘗試，都會讓你對他們的振動頻率更敞開，也更容易感覺到他們的存在。你可以使用以下的祈請文邀請你的守護天使靠近：

來自光與愛的守護天使，請來到我的身邊，提升我感官的敏銳度，協助我對你的來訪保持敞開，讓我清楚感覺到你在我的身邊。謝謝你！

你可以在早上使用以下的祈請文做為一天的開始：

守護天使，請來到我的身邊，協助我在這新的一天裡，保持正向和積極的念頭，展現真實和仁慈的行為，以具啟發性的言談來表達我的見解，尊重每個人的差異性，在需要暫停的時候，能夠停下腳步傾聽和調整，再以更和平的方式採取行動。我對奇蹟敞開，我接受愛，也付出愛，我知道自己值得擁有愛。請守護我以及我所關愛的人，我為我的生命負起全然的責任，我已經準備好去創造和體驗。我信任一切安好！謝謝你！

在晚上睡前，你可以使用以下的祈請文做為一天的結束：

守護天使，謝謝你的守護、陪伴和支持。我明白我創造了今天的經驗，請協助我更清晰地洞察事情發生的意義。我願意將擔憂和恐懼交付給你，我信任這些負面的能量會被無條件地轉化，因為我選擇走在恩典之光裡。請持續透過夢的管道給予我啟發和療癒，我已經準備好放下今天已經發生的事，帶著已知和未知的理解開始新的一天。我信任一切安好！謝謝你！

---

守護天使就像你的貼身護衛，也像是你最無話不談的好朋友。如果你遇到困難，他們會為你消除恐懼和擔憂，給予你引導和解決方案。如果你感覺悲傷或失落，他們總是耐心地傾聽你說話，讓你感覺溫暖而平靜。如果你的生命受到威脅，守護天使會保護你的安全，化解不必要的傷害。

為了與守護天使建立更穩固的關係，你可以詢問他們的名字，或者請他們給你一個只屬於你們之間的暗號 (calling card)，當守護天使出現在你身邊，他們會使用這個暗號來引起你注意。

# 1／6 元素大天使｜Elemental Archangels

火、土、風、水是構成物質實相最初始的四個元素，它們存在於大自然的每一個角落。每一個元素，都有一位大天使守護，依循神聖秩序法則，確保元素之間的和諧運作，協助地球環境、物種生態、氣候變遷、四季循環的平衡，同時透過四個元素，將神聖源頭的創世能量帶到地球，持續更新和調整大宇宙和小宇宙之間的穩定發展。

## 火元素——大天使麥可

火能夠照亮黑暗之處，喚醒沈睡的靈魂，讓隱而未顯的真理得以被看見。大天使麥可守護火元素，樂於協助你透過內在洞察力去覺察真相。當你想要展現勇氣去活出自己的真理、帶著正直之心去表達和傾聽，大天使麥可會為你帶來希望和力量，消融所有不必要的自責與罪惡感，協助你獲得自我價值的完成。正如同我們用火去消毒殺菌一樣，火元素能夠淨化一切負面低頻的信念、情緒和病痛。

燃燒的火焰是熱情的象徵，當你想要展開行動、落實目標，你可以請大天使麥可協助你勇於依循內在的衝動去開創新的可能、去體驗最棒的人生。

## 土元素——大天使烏列爾

象徵地球的土元素有著穩定而扎根的特質，如同一座海納萬千的殿堂，讓神聖智慧得以顯化在物質實相。大天使烏列爾運用土元素，協助人們發揮與生俱來的天賦和潛能，踏實穩定地建構屬於自己的人生。

當你想要改變現況，以有益於所有人的方式去解決問題，大天使烏列爾會很樂意消除你的擔憂和焦慮，帶給你靈感與創意，協助你在變動中找到寧靜，明白一切最終都會成為美好的祝福。

土元素醞釀了豐富的養分，為大自然帶來蓬勃生長。大天使烏列爾能夠協助你發現自己獨特的價值，透過持續內化你的經驗，你將創造豐盛的心靈和富足的生活。

風元素——大天使拉斐爾

如同清新的空氣能夠淨化稠密的能量，大天使拉斐爾能夠為人們帶來信任和自由，消除負面的慣性行為模式，移除阻礙價值完成的所有負擔。風元素無所不在，大天使拉斐爾一直圍繞在你身邊和在你之內。當你想要成為一個觀察者，從頭腦框架和情緒起伏的干擾裡跳脫出來，以積極正向的方式看見更大的可能，你可以透過有意識地呼吸與大天使拉斐爾連結，讓流動的生命力瓦解僵化之處。

風元素是聲音的載具，當你祈禱、唱頌、說著具啟發性的話語，大天使拉斐爾會透過風元素將療癒的能量隨著聲音的振動頻率帶到需要奇蹟的地方，協助宇宙萬物，包括你自己，安處於健康的自然之道。

水元素——大天使加百列

水能夠儲存能量和記憶，分子結構會如實形成相應的晶體型態，當水吸收了正向的能量，就會呈現美麗的水結晶，這也是為什麼許多宗教文化會用聖水和甘露來淨化心靈、消除罪惡、獲得祝福。掌管水元素的大天使加百列協助人們學習更接納自己、更珍惜自己、更愛自己，如同水儲存和吸收的特質，有意識地選擇有益健康的信念，就能讓內在核心呈現清透而潔淨、寧靜而和平的狀態。

當你想要放掉來自生活的壓力和疲憊，想要深入覺察自己內在的情況，大天使加百列會引導你透過傾聽靈魂的聲音，以包容而仁慈的方式理解自己的想法和情感，明白自己一直都在恩寵之中。

## 1／7 自然天使｜Nature Angels

自然天使由一群負責守護生態環境的天使團隊所組成，他們也被稱為精靈(fairies)，依照火、土、風、水四個元素，自然天使分成四組不同的類別，由四位元素大天使帶領，在不同地方駐守勘察，並且依循節氣循環，執行不同的任務。

自然天使散發著歡樂的氛圍，喜歡分享和合作的關係。如果你想與自然天使連結，你可以多花一些時間接近大自然，他們會很樂意淨化你的能量，提高你的振動頻率，協助你吸引美好的事物進入你的生命。當你隨手撿起別人留下的垃圾，節約用水用電，盡你能所能尊重和維護地球環境，使用具有環保意識的產品，自然天使就會圍繞在你身邊。

自然天使天性俏皮，喜歡玩樂，充滿創造力，這也是為什麼孩子們更容易看見他們的身影。自然天使也會幫助成年人接觸自己的赤子之心，提醒你安排時間放鬆或做自己有興趣的事，甚至創造玩樂探索的機會給你。當你感覺生活充滿工作壓力或肩負家庭重任，你可以請自然天使舒緩你沈重的心，協助你在忙碌的行程裡找到偷閒的時光。

自然天使也是絕佳的媒人，能夠幫你找到靈魂伴侶或適合的合作夥伴。自然天使熱愛參與任何與創造力有關的活動，他們能夠為你帶來有趣的啟發和靈感。你也可以與自然天使分享你的渴望和夢想，他們會讓不可能變成可能，讓奇蹟如魔法般出現。

你可以用以下的方法邀請自然天使進入你的生活，敞開心去體驗，觀察自然天使為你帶來的驚奇禮物。

- 到公園找一個舒服的地方坐下來，邀請自然天使來到你身邊，將創意點子或適合的解決方案透過直覺傳遞給你。
- 在庭院或陽台種植一些開花植物，在花圃或花盆裡放一個自然天使的小雕像，或是在土壤裡插入一個寫上「歡迎精靈來訪」的牌子。

・到公園裡或樹林裡野餐，邀請自然天使一起加入。如果你有問題想要詢問自然天使，用餐時間也是絕佳的時機，你很可能在用餐結束後就會發現答案的徵兆。

・當志願者，或從事義工服務，來幫忙維護自然環境，邀請自然天使與你一起協助生態平衡與健康。

## 1／8 動物天使｜Animal Angels

很多人好奇動物是否也有守護天使，在與大天使亞列爾和博克拜合作的過程裡，我發現確實有守護天使看照著動物王國，這些守護動物的天使們就是動物天使，是自然天使一種，你也可以叫他們動物精靈（animal fairies）。如果你知道有動物正在經歷創傷或需要治療，你可以為動物們召喚動物天使的幫忙，或祈請動物天使協助動物保育組織的運作。

如同人類一樣，當動物的生命結束，動物的靈魂會從地球離開，回到充滿愛的源頭。動物天使會確保動物離開的過程順利且沒有痛楚，同時陪伴牠們、給予牠們溫暖和支持。如果你養的寵物離開人世，動物天使也能為寵物將美好的回憶和充滿珍惜的情感傳遞給你，讓你知道一切安好。

## 1／9 療癒天使｜Healing Angels

療癒天使是由一群負責療癒的天使團隊所組成，他們的氣場散發著最純淨的金色、白色和翡翠綠的光芒。療癒天使協助人類通過在地球上可能遭遇到的任何疾病，包括身體、情緒、心智和靈性層面的失衡狀況，將高頻的療癒之光注入病痛之處，恢復健康與和諧的自然狀態。

這個神聖的療癒天使團隊是由大天使拉斐爾所帶領，當你祈請療癒天使的出現，他們會很快地將你圍繞在療癒圈 (healing circle) 中，透過他們的雙手將療癒之光傾倒入你的氣場，給予你滿滿的祝福和生命力。

不論你是否能看見療癒天使，你都可以祈請他們的協助。當疾病顯得頑強棘手，你或許會感覺無力和無助，然而事實上你正在經歷一個改變的機會。身體具有自我療癒的特質，當你改變你看待自己身體的觀點，阻礙療癒發生的恐懼就會被釋放。如果你正在經歷一種疾病，或是某個器官正在失去正常的運作功能，你可以檢視自己的內心，看看你對這個疾病或器官，有什麼樣的感受。如果你感覺無可奈何、沮喪挫敗，甚至是憤怒和厭惡，那麼你對自己的疾病或器官的觀點正在阻礙療癒的發生。

療癒天使曾告訴我，當人們生病時，他們常常會對自己的身體感到消極受挫，不斷地問：為什麼我會得到這個疾病？為什麼這件事會發生在我身上？為什麼我的身體要這樣對我？這些悲痛的求救聲雖然如此真切，然而這也代表他們與自己的身體失去連結，忽略了長久以來迫切希望被看見的框架信念和負面情緒。

許多人以為是我們的身體決定了我們是否健康，但是療癒天使想要告訴大家：

---

你的身體並不會決定你是否健康，真正主導你健康的是你的心和你的頭腦。你的感受、想法、行動和回應方式直接地影響著你的身體，而你的身體如同一面鏡子，會真實反映出你內在的狀況。如果你的意圖、信念和行為與愛同步，那麼你的身體也會充滿愛的樣子。如果你的內在充斥著悔恨、不滿與埋怨，那麼這些沈重的情緒將會實質地透過你的健康狀況反應出來。當基於恐懼的想法被愛所取代，你的身體、情緒、心智和靈性的療癒就會由內而外自然發生。我們（療癒天使）在這裡是為了幫助你去看見你就是愛的本質，完整地接納與信任你愛的本質，你在哪裡看見你是愛，療癒就在哪裡開始。

---

改變信念通常需要一段時間，尤其當這些想法已經與你同行許久，然而不要擔心，療癒天使會幫助你走過這段歷程，將不再適用於你最高益處的框架信念移除，在你需要的時刻，為你接引神聖的療癒之光，轉化慣性負面思考與行為模

式的掙扎與反撲。你可以使用以下的祈請文召喚療癒天使：

療癒天使，請協助我釋放不再服務我最高益處的框架信念，給予我改變的勇氣，讓我能夠與愛同步，看見我真正的本質：充滿愛、完整且健康。謝謝你！

你也可以為其他人祈請療癒天使的拜訪，療癒天使就會出現在他們身邊，給予他們必要的支持、陪伴與祝福。你的祈請會協助人們對奇蹟般的療癒敞開，如果對方已經走到這一趟地球旅程的終點，療癒天使會確保他在臨終的過程感到溫暖和安全，協助他在自然的狀況下安穩離開。

# 1／10 轉世天使｜Incarnation Angels

轉世天使了解你生生世世的輪迴經驗，當你展開這一世的生命，轉世天使會和你一起來到地球，在你出生時，陪伴在你與母親的身邊，確保生產的過程順利平安。當你的生命到達尾聲，轉世天使會再一次出現，協助你在臨終的階段感覺溫暖和寧靜。對於那些因意外或經歷強烈痛苦而結束生命的人，轉世天使會特別給予看照，確保他們安穩地離開物質實相，進入以靈魂形態存在的星光界。

# 1／11 東方的天使｜Eastern Angels

許多東方相信輪迴的宗教裡，例如印度教和佛教，認為有不同於人類的存有生活在地球上，稱為提婆（deva），意指「由神或造物主的呼吸所創造出來的存有」，他們與大自然有很深的連結，擅長使用元素的力量，包括火、土、風、水。提婆扮演的角色和西方的自然天使（精靈）有異曲同工之處，事實上，他們身負的職責和散發的頻率非常接近。

提婆喜歡待在大自然裡，他們通常不會被人類看見，但是如果他們想要與人們互動，他們可以降低自己的振動頻率，以人類可以看見的樣貌出現。提婆天性活潑，移動速度很快，能夠與植物和動物互動。提婆的生命力與大自然息息相關，當自然環境蓬勃生長，提婆的能量就會特別有朝氣，如果自然生態受到破壞，提婆也會變得懨懨一息。

提婆和自然天使之間最大的不同，是自然天使沒有輪迴或壽命的限制，而提婆則需要經過輪迴和進化來擴展自己的意識，才會跳脫輪迴成為永生的自然天使，維護自然生態的和諧。這個觀點也適用於人類的輪迴轉世，當人類的意識達到開悟的狀態，就會跳脫輪迴，選擇以不同的型態繼續進化，或是以地球天使或指導靈的身份協助人類繼續擴展意識。

在東方有許多地球天使和指導靈，由於他們擁有豐富的轉世經驗，能夠了解人類在意識擴展的過程中會遇到的各種挑戰，因此他們成為地方性的神明，為人們帶來指引、保佑和守護。地方性的神明常常給人一種親切感，土地公、媽祖、藥師佛等都是具代表性的地方性神明，在許多廟宇能找到他們的身影，也是多數人耳熟能詳的神明類型。東方也有從未有過人類經驗的高層次神明，這些神明與西方的大天使類似，身負不同的職務和專長，同樣不受時間和空間的限制，能夠同時在不同地方給予人們協助，例如地母娘娘、玉皇大帝、太陽星君等。不論是地方性的神明或高層次的神明，我們都可以透過祭拜（祈禱）與他們說話或尋求解決之道，然後透過籤詩、卦象等方式來解讀收到的指引。

# 1／12 墮落天使｜Fallen Angels

在基督教、猶太教和伊斯蘭教的教義中，墮落天使是指從天堂被驅離的天使，因為他們失去了純粹的愛所散發出來的神聖之光。有些關於墮落天使的紀錄提到第一位遠離神聖之光的墮落天使是路西法（Lucifer），在被逐出天堂後成為魔鬼撒旦（Satan），而其餘跟隨路西法的墮落天使則成為惡魔（demon）。有些認為路西法和撒旦是不同的存在體，路西法成為墮落天使後，與撒旦合作在地球上透過根植恐懼，將黑暗散播在人間。有些則認為墮落天使根本不存在，只有撒旦代表一股邪惡的力量，與神聖之光相對立，如同神聖之光能創造出天使，邪惡的力量則創造出惡魔和邪靈。

當我寫到這個章節時，路西法出現在我身邊，他的氛圍一開始是深灰色的，隨著他向我靠近，他的氣場慢慢散發出淡金色的光芒，就像清晨的黎明破曉，沒有帶一絲邪惡的力量。路西法告訴我：

墮落天使的存在，是在反映人類內心的分裂。人類之所以害怕墮落天使，是因為人類對自己內在的陰暗面感到同樣恐懼，甚至忽略或否定陰暗面的存在。墮落天使協助人類從二元分裂的拉扯與糾結裡，回到一切萬有的初始狀態。回歸的過程，你們必須深入自己的陰暗面，釋放罪惡感、恐懼、悲痛、焦慮、匱乏和欲望，從非黑即白、非善即惡的幻象中跳脫出來，一步步逐漸成為完整的自己，內在充滿和平與寧靜，認出自己的內在之光，認出自己是來自那神聖之光的源頭。

有一位研習靈氣的朋友曾告訴我，他定期都會與墮落天使連結，不是因為他偷偷在進行黑魔法，也不是崇尚惡魔，而是藉以深入自己內心的陰暗面，透過接納和轉化，陰暗面會逐漸成為光明面的一部份。或許在接觸墮落天使初期，你會感覺抗拒或恐懼，但是隨著你內在的提升，你會發現墮落天使變得有所不同，勇於穿越黑暗，散發神聖之光，經歷蛻變，找回真實的樣貌。當你從神聖之光的眼睛看墮落天使，你會驚覺墮落天使如同陽光般燦爛閃耀。

除了墮落天使，還有一種存有我想特別在這裡說明，那就是地縛靈（earthbound spirits）。墮落天使和地縛靈是不同的存在體，墮落天使沒有身為人類的經驗，通常在人們開始進入深層內在，準備好轉化自己的陰暗面時，才會感覺到他們的存在。地縛靈是指生命已經結束卻仍滯留在地球的靈魂，他們身上所散發的能量通常很沈重，當地縛靈靠近，你可能會感覺到一股深切的執著、哀痛或憤怒。地縛靈之所以沒有順利進入星光界，原因有很多種，比較常見的是：生前不相信靈魂永生、不知道或不接受自己已經死亡的事實、對人世還有牽掛、害怕會有審判或下地獄、擔心離開會有可怕的事發生、內心有強烈的罪惡感等。

當你情緒低落、思緒混亂，或處於磁場較低頻的空間而不自知時，你可能會在無意中降低了自己的振動頻率，吸引地縛靈靠近。地縛靈對你的心靈成長毫無興趣，不會引導你擴展意識，也不會協助你實踐人生使命。如果你發現有莫名較低的情緒或念頭，或是感覺地縛靈在身邊，不論你是否肯定，你都可以使用以下的祈禱文來保護你自己。

大天使麥可，請給予我最完整的保護，以神聖之光圍繞我的氣場，移除所有的恐懼和擔憂，同時以神聖之光照亮黑暗之處，引領地縛靈通往需要去的地方。謝謝你！

將你的專注力放在無條件的愛，你會很快地感覺安全。任何時候你感到恐懼或擔憂，你可以再次使用祈禱文讓天使用神聖之光圍繞著你。

# 2

# 與天使連結

擁有與天使連結的經驗總是令人感到驚奇和喜悅，許多人也十分期待能夠直接感受到天使的存在。

與天使連結是一個過程，就像建構一座連結自己和天使的橋樑，需要保持耐心和信心，持之以恆地練習，對天使保持敞開，歡迎天使以各種可能的方式與你連結。

## 2／1 連結前的準備—Preparation

### 淨化居家空間

在開始與天使連結前，安排一個能夠讓你感覺放鬆、平靜的地方會幫助你安心地開啟你的連結管道。將你要用來連結天使的空間整理乾淨，避免雜物的堆放。你可以在這個空間的正中央放一些花，或是點亮一個有香味的蠟燭，也可以播放柔和舒緩的心靈音樂。

這些準備並非是為了吸引天使出現，而是讓你能透過儀式的安排和神聖空間的營造，將紛擾的心平靜下來，清除頭腦裡的阻礙，重新回到內在核心，準備好與天使連結。

練習連結的初期，你可以選擇一個天使的雕像、圖片或畫作來幫助你視覺化天使的能量，或做為加強連結管道的工具。然而，不要過度依賴這些物品，或執著於天使的形象上，因為當天使真的出現，你可能會因為他們顯現的方式和你期望的有所不同，而忽略了他們的拜訪。

## 提升你的振動頻率

宇宙的所有一切都是能量，而能量會散發出振動頻率。為了在地球上體驗物質世界，事物會以有形的方式呈現在我們面前，讓我們能夠透過有形的身體去看見、去碰觸、去認識物質的實相，然後學習從物質中感受到非物質的能量，從只有眼睛看得到的幻象中，認出一切都是能量的本質。這也是地球上所有生物，包括人類，正在經歷的過程：一個從物質實相進入非物質實相的過程，也是一個意識提升和進化的過程，更是一個回歸本質的過程。

天使是沒有形體的存有，他們是由光與愛所組成，散發著高頻的振動。與天使連結時，我們需要提升自身的振動頻率，與天使的能量產生共振。這個共振的頻率會成為連結物質和靈性的橋樑，你的振動頻率越高、越穩定，你會越容易建立穩固的連結管道。

你的振動頻率會依照你當下的情緒和念頭產生變化，當你處於正向積極的狀態，你的振動頻率會自然提升，相反的，如果你陷入負面悲觀的情境裡，你的振動頻率會開始降低。生活在忙碌的環境，要一直維持高頻的振動並不容易，有時我們會因為外界事物的變動和內心狀態的起伏降低了我們的振動頻率，因此，多快從焦慮、緊張、懷疑、悲傷、憤怒的低頻狀態調整回平靜、和諧、喜悅、滿足、信任的高頻狀態決定了你主要的振動頻率。

當你允許外界人事物成為他們自己，臣服接納而不試圖掌控，專注在內心的寧靜而非造成干擾的噪音上，你會成為自己振動頻率的主人，不輕易被外界的變化影響到自己的能量狀態，同時會更容易與天使的頻率產生共振。

感恩之心能夠快速地提升你的振動頻率，練習從小事物當中看見值得感激的地方，不論是一段悠閒的午後時光、一本好書或一個微笑。如果你正在經歷財務困難，對你現有的金錢和支持表示感激；如果你擁有一個住所和足以果腹的食物，對它們表示感激；如果你正在面對疾病的侵襲，對你的身體和陪伴在你身邊的人表示感激；如果你失去了所愛的人，感激那些仍在你身邊愛你、支持你的人。人類的振動頻率介於恐懼和愛之間，而天使散發著純粹的愛。當你轉移你的焦點，從不幸的際遇轉移到你生命裡的祝福，你的能量會自然提升到更符合愛的振動頻率。

**保持正向——使用肯定語**

肯定語是一種聲明或宣言，表示你有意識地去創造和改變。你可以使用肯定語對你生命中的美好表示感激，也可以將你渴望的狀態顯化出來。當你使用肯定語去創造你想要的未來，你就允許了奇蹟的發生。你可以使用以下的肯定語，或任何你感覺正向且充滿力量的宣言：

---

我是光，我是愛，我是宇宙的一部分，我存在於萬事萬物中。我的身心靈各個層面與神聖秩序相呼應，我臣服於愛的能量。我與天使同行，我知道在任何時候，我都擁有保護和支持，以及一切符合我最高益處的資源。我充滿和諧、寧靜與平安，每一個我所遇見的人同樣反映出這樣的能量。在這趟地球之旅，我很幸運，同時充滿感激。一切萬有，謝謝你！

---

肯定語能夠轉化你的觀點，帶給你力量和信心。讓你的生活充滿肯定的宣言，讓你的起心動念與愛共振，透過積極正向意圖、想法、文字和行動去創造你渴望的事物。

如果一開始對有些肯定語的內容感到遲疑，沒有關係，至少你意識到自己的內在對特定的信念有所抗拒，不用勉強自己去認可，也無須因而自我放棄，把握機會練習接納當下的自己，同時期許一個更幸福的未來。你可以用以下肯定語的句型來度過轉化的切換期：「雖然我對〔產生內在抗拒的信念〕有所遲疑，現在我選擇相信〔會讓自己更快樂的信念〕。」

## 克服連結的阻礙

當你的身心靈狀況平衡，你會比較容易建立穩固的連結管道，否則你可能會感覺連結的過程阻礙重重。這裡定義了六種會延緩你與天使接觸的阻礙，當你透過以下的方法覺察、練習和轉化，你將發現這些困住你、使你無法向上擴展的阻礙會開始瓦解，你的感知能力會變得敏感，也更容易穩固你的連結管道。

阻礙一——自我懷疑和否認

你是否一方面渴望與天使連結，一方面內心又有很多質疑？即使你感覺到他們的出現、聽見某些訊息，或發現某些徵兆，你仍告訴自己是想太多？

「真的有天使存在嗎？」
「天使有可能與我連結嗎？」
「我有可能與天使連結嗎？」

質疑會阻礙你與天使的接觸。當你要求眼見為憑，需要透過很多證明才願意信任自己的直覺，你就掉入自我懷疑和否認的陷阱。當你打從內心相信天使是存在的，而你也值得擁有天使的看照，這些充滿質疑的聲音就會越來越小聲，直到你完全聽不見。

阻礙二——過於具體的期望

你可能非常渴望天使與你連結，或希望天使能為你帶來具體的徵兆，然而這些過於具體的期望會阻礙你覺察天使的來訪。練習將這些期望值放到一邊，允許連結的方式和過程自然地發生。也許你很快就得到來自天使的回應，也許剛好相反，但是不論如何，天使總是在最適合的時候，以最適合的方式，將你真正需要的訊息帶給你。即使天使給予你的並非如你預想的一樣，你需要信任這確實是符合你更高益處的訊息。

## 阻礙三——沒有耐心

對許多人來說，時間就是金錢，等待就是浪費，然而天使並沒有需要與時間賽跑的概念。將時間有限的緊繃感放掉，練習安處在當下的每一刻。在你與天使連結的地方，不要有時鐘或手錶；當你試著與天使連結，也不要設定鬧鐘提醒自己時間過了多久。也許剛開始你並沒有馬上感覺到天使的存在，請不要感覺灰心，持續將你的心和你的心智對天使敞開。你的每一次練習，都會讓你的連結管道更穩固、更擴展，也會更容易接收來自天使的訊息。

### 阻礙四——自我批判的信念

透過自我批判來激勵自己成長，往往吸引來更多的傷痛，事實上，你比任何人都還需要來自你自己的鼓勵與支持。接納自己的陰暗面，了解陰暗面只是你的一部份，是教導你智慧的老師，而非用來定義你是誰的框架。當你擁抱你的光明面和陰暗面，你會變得真實且柔軟，在這樣的狀態下，你會散發高頻的振動，讓天使更容易靠近。

### 阻礙五——執著於痛苦的感受

如果你正經驗痛苦，不論是來自身體或情緒，痛苦將掌控你的感官和心智，讓你無法客觀且敏銳地觀察周遭的狀況。當你處於痛苦之中，往往也是你最需要天使靠近的時候，然而沈重的情緒會將天使阻隔在外，即使他們試圖將愛傳遞給你，或大聲地與你交談，你也難以接收到。練習從傷痛中稍微跳脫出來，專注在呼吸上，接觸大自然，準備營養的餐食給自己，使用肯定語來加強正面能量的運作，或使用第三章提到的內在寧靜之所冥想來視覺化前往內在核心的通道，天使將能穿越你的悲傷，為你帶來療癒。

阻礙六——試圖掌控

掌控猶如一座高牆，阻擋了一切的可能性。試圖停留在舒適圈裡，只願意做熟悉的事情，你可能會覺得很安心，但是慢慢地你會感覺狹隘，甚至失去對生命的熱情。你的內心或許準備好要迎接天使的來訪，但是在潛意識裡，你對舒適圈的需要就像是沈重的大門和城牆，將天使阻擋在外。練習將你的城門打開，以探索和冒險的心去看看外面的世界，也許一開始你會感覺很脆弱、很容易遭受傷害和攻擊，然而很快地你會發現，放下掌控的需要會帶給你珍貴的自由與輕鬆，更重要的是，你允許了靈感的出現。天使時常伴隨著靈感進入你的意識，讓神聖的指引如同春天的泉水般在你腦海裡湧現吧！

## 2／2 建立與天使連結的橋樑：祈禱與冥想｜Connection

### 祈禱｜Prayer

祈禱沒有特定的規則，也不受限於內容的長短，真正重要的是你祈禱的意圖和全然的信任。當你說出「天使」或天使的名字，他們就已經開始傾聽；當你表示「謝謝你」或「謝謝天使」，你所尋求的協助或指引就已經被顯化，會在最適合的時候來到你的面前。你可以參考以下的步驟開始祈禱的練習：

1 閉上眼睛，緩慢地做三次深呼吸。

2 讓身體維持放鬆的姿勢，你也可以將雙手合十或雙手抱拳，然後邀請天使來到你的身邊：

天使（或天使的名字），請來到我身邊，用光與愛的能量圍繞著我，讓我感覺到你的出現。謝謝你！

3 當你感覺天使圍繞著你，你可以將你想要表達的話、想要詢問的事或尋求指引的意圖傳遞給天使，結束時告訴天使「謝謝你」。

4 天使已經聽見你的祈禱，保持信任，你所需要的事物已經安排妥當了。感受顯化的過程，當你準備好的時候，你可以張開眼睛。

不少人曾經問過我：要怎麼祈禱，天使才會聽見？有沒有什麼正確的方法，可以讓祈禱的內容實現？能不能告訴天使在什麼時間內讓願望成真？為什麼我祈禱了卻沒有效果？許多人在練習祈禱時，會把最終的結果是否如預期一樣發生做為祈禱成功或失敗的判斷，彷彿只要有祈禱，天使就要按照內容去執行和完成，如果沒有，就對天使或對自己感到失望。

祈禱的重點在於：我們得到我們需要的，而不是想要的。很多時候祈禱沒有實現，是因為我們錯誤地認為我們想要的才是真正的解決之道，因此當天使帶給我們真正需要的東西，我們忽略了這份禮物，仍舊執著地看著自己失去的和沒有的部分。有些書籍教導人們以特定的步驟去祈禱或召喚，天使就會按照你的渴望去行事，然而天使告訴我，這並不是真相。

只要你祈禱，天使就一定會聽見，也非常樂意給予你指引和支持，但是如果你發現你祈禱的內容沒有實現，那麼你所希望發生的事很可能牴觸了神聖法則的運作：

1 所有的靈魂來到地球上，都有獨一無二的計畫，這個計畫是靈魂自由意志的安排。每一次你來到地球，你清楚自己想要經歷什麼、想要學習什麼、想要完成什麼，如果你祈禱的內容不符合你的計畫，或是會阻礙你的成長和自我價值的完成，那麼天使是無法給予協助的。

2 自由意志是每個靈魂與生俱來的權利，如果你祈禱的內容牽涉改變他人的想法和行為，天使將不會採取任何行動。

3 一切事物的發生都在神聖秩序的看照下完美地運作，即使是天使，也不能影響這個宇宙法則，除非你祈禱的內容原本就符合神聖秩序的安排。

4 在地球上有時間的限制，因此顯化也需要時間的醞釀和實質的佈署，你需要做的就是保持耐心，天使會確保事情以最適合的方式在最適合的時間發生。

5

從天使的角度來看，你是完美無罪且值得擁有一切美好的存在，但是如果你的內心有著深深的匱乏和自責，那麼不是祈禱的內容沒有實現，而是你從一開始就不相信自己值得接受來自天堂的愛與祝福。如果你發覺自己有這個限制性信念，你可以先透過祈禱，請天使為你療癒和轉化這份傷痛，協助你敞開心學習接受。

## 冥想｜Meditation

如果祈禱是說話，那麼冥想就是傾聽。每一次你靜下來冥想，你就創造一次與天使連結的機會。天使是光與愛的合體，當你冥想，你的能量會自然提升，引導你看見內在的光，散發出愛的振動頻率。這也是為什麼，冥想是與天使連結最有效的方式。

許多人以為冥想只能在安靜的環境裡發生，事實上，即使在動的時候，也能夠冥想。冥想不是一個行為，而是一種狀態，它可以隨時隨地發生。當我們敞開自己的感官能力，專注於接收上，保持臨在，我們就是處於冥想的狀態，就能更敏銳地觀察自己和周遭環境細微的變化和振動，包括天使的來訪。你可以嘗試用以下的步驟開始冥想的練習：

1 選擇一個安靜的地方坐下來或躺下來，閉上眼睛，調整你的姿勢，讓自己感覺放鬆。

2 觀察你的呼吸狀態，慢慢讓呼吸沈穩緩和下來。每一次吸氣，想像自己吸入了光與愛，以及來自大自然滋養的能量；每一次吐氣，感覺沈重的緊張和壓力開始離開你的身體。

3 冥想的過程裡，天使會給予你祈禱的回應或指引。任何時候你感覺難以專注，不要擔心，將專注力放回到你的呼吸上即可。

4 當你睜開眼睛，冥想就告一段落。你可以依照自己的狀態調整冥想時間的長短，從 5 分鐘開始，慢慢增加到 15 分鐘。

當你越常練習冥想，你會越容易進入放鬆又專注的狀態，而這個狀態就是與天使連結的最佳時刻。在冥想時，如果你想要移動身體、打噴嚏、咳嗽或是流淚，不要壓抑或試圖避免，你會讓能量整合和調整得更好。

## 2／3 天使回應你的方式｜Response

### 象徵符號｜Symbol

天使常用象徵符號來傳遞神聖的指引，因為象徵符號能夠表達多元、深刻且個人的涵義。當你開始與天使連結，你可以透過了解象徵符號所代表的意義，從中覺察天使所要傳達的訊息。

夢境是最容易出現象徵符號的地方，你可以請天使透過夢境給予你指引，然後查閱夢的解析或象徵符號解讀的書籍來學習相關的知識，獲得更深的洞見。

### 徵兆｜Sign

天使常透過徵兆來表示他們在你身邊，最常見的徵兆就是突然出現的羽毛。發現羽毛，不論是在路上或室內，都具有非常正面的意義，代表天使正在守護著你，確保你的安全。你可以使用以下的祈請文獲得來自天使的徵兆：

> 天使們，請給我一個徵兆，讓我知道你們在我的身邊，讓我知道在我生命的道途上，有你們的陪伴。謝謝你們！

收到徵兆總是令人欣喜，但是執著在尋找或等待徵兆並不會帶來幫助。如果你總是想透過徵兆來確定或證明愛的存在，那麼你很可能會感到失望。只有在你心存信任，相信奇蹟的存在，徵兆才會真的出現，也才具有徵兆的用意。當然，在我們感覺失落或需要提醒時，徵兆能夠幫助我們保持信心，站穩腳步，但是天使並不希望我們依賴徵兆，不斷地向外尋找證明。

## 直覺—Intuition

如果你想培養你的直覺力，你需要將小我（ego）暫時放到一邊，保持全然的信任，允許直觀（intuitional）的訊息進入你的意識。你的小我可能會要你找出科學證據來証明你的直覺，然而直覺是一種無形的超自然現象，無法用科學的方法來測量或判斷。當你將充滿批判、控制和懷疑的小我意識放開，你就能學會信任你所聽見、知道和感覺到的事物，明白你的直覺是來自天使的呢喃。你可以透過了解小我的基本特徵，來認出小我的聲音：

- 小我充滿批判性，喜歡造成對立的局面。
- 小我容易自相矛盾，觀點似是而非。
- 小我傾向拖延，給人一種不確定的感覺。
- 小我容易不耐煩，不擅長傾聽。
- 小我喜歡掌控，常用命令的方式表達。
- 小我充滿恐懼，覺得世界充滿危險。
- 小我總是貶低你的價值，告訴你不值得擁有美好的事物。
- 小我喜歡競爭的關係，認為弱肉強食是成功的關鍵。

當你發覺小我的聲音出現在腦海，你可以選擇保持積極和正面的想法，而非跟隨小我的聲音來打擊自己的信心。你無須責怪自己仍有小我的念頭，你只需要簡單地對自己說：啊！我的小我又出現了！然後專注在正面的事物上，你就能拿回自己的力量，不被小我所影響。

事實上，你比你自己以為的還要更有直覺。你越傾聽你的直覺，你就越能理解當中的含義，你的直覺也越能引領你前進。當你與直覺連結，你可能會有以下的經驗：

- 莫名有種感覺，覺得某件事可能會發生，然後不久後也確實發生了。
- 突然想要聯絡某個人，當你聯絡了，你發現對方剛好想到你，或正需要你的幫忙。
- 聽見內在的聲音，引導你做出適合的選擇。
- 有人在你的夢裡為你解惑，給予你在尋找的答案。
- 做了一個夢，而夢的內容對你近期的生活有重大的意義。
- 內在浮現一種莫名的衝動，當你依循採取行動，事情發展得很好。
- 有種就是知道的感覺，即使你不清楚為什麼，你心裡清楚自己的認知是對的。

當小我蠢蠢欲動，練習將它放到一邊，能夠幫助你透過直覺來接收訊息。隨著你的直覺力增加，你會更頻繁收到來自天使的提醒。即使在小我質疑你的時候，也不要低估你的直覺。保持耐心，給自己足夠的時間去理解訊息當中的象徵符號（symbols）和徵兆（signs），你會對你的直覺力感到驚奇！

以下的練習可以幫助你培養直覺力：

1 閉上眼睛，將其中一隻手放在你的胸口。
2 做兩次緩慢的深呼吸，保持身體的放鬆。
3 在心裡問：現在誰需要接到我的電話？
4 保持敞開，信任你的腦海裡出現的名字或某個人的樣子。
5 觀察你對這個名字或這個人有什麼樣的感覺浮現出來。
6 在心裡問：關於這個人，有什麼事我需要知道？
7 信任你所收到的回應，包括腦海中出現的念頭。
8 打電話給這個人，看看你的直覺力有多準確。

有時天使透過你的直覺帶給你的訊息是直接且淺顯易懂的，然而有時天使會透過符號或象徵性的事物來傳遞訊息，以至於你可能難以在當下立即了解他們的訊息。然而，你可以透過查閱相關的書籍或資訊來理解當中的涵義，也可以請天使給予你進一步的引導，讓他們以直白的文字取代抽象的象徵符號。

## 同時性事件｜Synchronicity

同時性意味著一連串的事件看似巧合（coincidence）般發生，之間卻又沒有明顯的關聯。事實上，一切的巧合都是有意義的安排，而非毫無秩序的偶發事件。同時性的事件往往是一個線索，與你在尋找的答案有關。天使經常透過同時性的事件來引起你的注意，你也可以使用以下的祈請文請天使透過同時性的事件與你連結：

> 天使們，請安排奇蹟般的巧合來到我的生活，協助我發現同時性事件，讓我看見、聽見和感覺到你們的愛與指引。
>
> 謝謝你們！

天使透過同時性事件來傳達以下幾種訊息：

- 天使向你確認，你前進的方向是正確的，保持信心，你的渴望很快就會實現。例如：你正在考慮是否要轉換職業，突然看到廣告詞：追求夢想永遠不遲。
- 天使試著要引起你的注意，好讓你看見你在尋找的答案，或是遺失的物品。例如：你找不到自己的證件，突然看到書架上的一本書，打開一看發現證件夾在書裡。

- 天使向你確認，你不是孤單的。例如：你祈請天使來到你面前，讓你感覺到他們的存在，結果當天不論你到哪裡都看見天使相關的物品。
- 天使試著告訴你前進的方向，協助你做出符合你人生使命的選擇。例如：你祈請天使告訴你回到學校唸書是否適合，結果過幾天你收到你考慮申請的課程資訊。
- 天使在回答你的問題。例如：你祈請天使為你帶來最適合的律師，協助你完成税務審查，結果你在一個聚會中認識一個新朋友，而他的伴侶就是税務律師。
- 天使在鼓勵你採取行動去實踐夢想。例如：你擔心自己是否能勝任更高的職位，是否準備好迎接更多的挑戰，結果一天之內你收到多封人力資源銀行寄的職缺廣告，都與下一階段你可以從事的工作類型相關。

這些同時性事件都是來自天使的指引，給予你確認、支持和鼓勵，協助你更信任自己正走在正確的道路上。

## 神聖時刻｜Divine Timing

神聖時刻在教導我們信任和耐心，相信一切都會在最適合的時刻發生。每件事的發生都有其發生的意義和目的，能夠在發生的當下為我們帶來最重要的真知洞見。

有時，事情發生得太突然，可能會造成我們一時間難以接受，更不要說相信那是最適合發生的事，例如所愛的人發生意外，或是真相過於殘酷。我們也許無法在當下立刻了解事情為什麼會發生，然而天使會陪伴在每一個人身邊，給予我們信心和安撫，信任我們會在下一個神聖時刻理解事情發生的意義和目的。

神聖時刻有時會像奇蹟般出現，將人們從生命堪憂的情況下安然生還，例如差點被車撞到的時候，好像被人拉了一把回到人行道上，或是試圖自殺的人會聽到有聲音叫他不要這麼做。當你的生命遭到威脅，且尚未到你靈魂決定要離開的時刻，天使會介入來拯救你的生命，這種情況叫做神聖介入（divine intervention）。

夢境—Dream

古埃及人能夠有意識地做夢，透過夢境祈求指引、預言或解決之道，接收來自神明的神聖引導。古希臘人通常會在靠近水的地方使用孵夢 (dream incubation) 的方式，在夢境裡檢視和協調日常生活中的問題。你可以使用以下的步驟來孵夢，邀請天使在你的夢境裡與你見面，給予你指引和協助。

1 更換你的床單，保持房間的乾淨整潔。
2 在枕頭旁放置迷迭香、薰衣草或薄荷的薰香。
3 使用蠟燭或小夜燈，讓房間的光線變得柔和。
4 透過沐浴放鬆自己的心情，使用精油或海鹽來泡澡會有更好的效果。
5 穿著舒適的睡衣，或是寬鬆的棉質衣物。
6 將紙筆放在床頭邊，或是你方便拿取的地方。
7 入睡前，請天使來到你身邊，給予你保護，陪伴你整個做夢的過程。
8 閉上眼睛，靜下心，在心裡祈請天使與你在夢境裡見面，專注在你想要獲得解答的問題上，直到你逐漸進入夢鄉。
9 當你醒來，安靜地躺在床上幾分鐘，回顧你的問題和夢境的細節，儘可能不要移動你的頭部。

10 將你的夢記錄下來，即使只是片段都沒有關係。如果夢境所傳達的訊息並不具體，你可以查閱和夢的符號相關的書籍或資訊，你會獲得更深的理解。

孵夢或有意識地做夢是需要練習的，當你越熟悉這個過程，你越容易獲得清晰的指引。孵夢結束後的當天，你可能會有種「還在夢境裡」或是「似曾相識」的感覺，這是因為夢境要傳達的訊息仍在流入你的意識，透過日常生活為你帶來更多的洞見。對周遭環境保持覺察，你所尋找的答案很快就會浮現。

## 數字｜Number

天使常常使用不同的媒介來引起你的注意，包括使用數字和數列。你可能會在看時間或打電話時注意到這些數字，也可能是不經意在車牌、廣告或收據上看到它們。11:11 和 444 這兩組數列有特別的含義，代表天使正圍繞著你。當你看見這些數字，記得提醒自己你被天使的愛所包圍，你是被守護著的。以下是天使用來傳遞訊息的神聖數列：

000　分離是幻象，任何時候你都與源頭相連，你是宇宙的共同創造者，你有能力顯化一切服務你最高益處的事物，你的想法、言談和行為具有不可抹滅的影響力，保持正向！

111　保持樂觀，你的想法正在快速顯化，將焦慮和恐懼交付出去，避免討論負面的可能性，專注在你真正的渴望上，你的信念創造出你的實相。

222　保持信任，一切都會發展得很好。你無須擔心任何事，事情會以最適合的方式獲得解決，而牽涉其中的每個人，包括你自己，都會受益。

333　依循你的直覺，神聖的指引正透過你的心引領你前進，做出符合你人生使命的選擇。跨出你的舒適圈，你擁有你需要的支持與保護。

444　你擁有清晰的意圖，能夠與天使建立穩固的連結。你無須恐懼未知，你被無條件的愛包圍著，你可以安心地處於每個當下。

555　顯著的改變正為你的生活帶來重要的轉機，突破自我設限，你已經準備好破蛹而出。允許你內在閃耀的光照亮你前方的道途，活出你真正的渴望。

666 維持平衡，持續療癒生活中的各個面向。釋放對金錢的擔憂和恐懼，敞開你的心，接受來自外界的愛與幫助。

777 你付出的努力很快就會獲得回報，你對神聖指引的信任正為你帶來甜美的果實。你的成功會為其他人帶來啟發，喚醒更多人內在的熱情。持續前進吧！

888 無限的資源正等著你去發現，你值得擁有的美好是不可計數的。順應生命之流，你無須擔心你的財務狀況，豐盛是屬於你的！

999 認出你的人生使命，現在是依循你的神聖目的前進的時候。完整展現真實的自己，鼓起勇氣去落實你的夢想，無須等待，現在就是最好的時機！

你現在對這些神聖數列有了更深一層的了解，你會更常在生活中發現它們。保持覺察，當這些數列出現，天使可能正試圖引起你的注意，給予你當下需要的訊息，也有可能純粹想提醒你，天使一直在你身邊，你從不孤單。

## 顏色｜Colour

天使會用顏色來引起你的注意，透過顏色的振動頻率來傳遞訊息或給予你所需的療癒。問問自己：我喜歡的顏色有哪些呢？最近是否特別被某些特定的顏色所吸引呢？你可以依照你的直覺寫下顏色帶給你的意義和感受，也可以參考以下的解釋來了解天使要給你的訊息。

紅色　天使正在鼓勵你去嘗試和行動，也許眼前的困境看似難以突破，但是只要你下定決心選擇信任，天使將協助你通過眼前的挑戰，找到生命的熱情和意義。保持樂觀和積極的心態，穩定前進的腳步，設定健康的人際界線，你擁有一切所需的資源去實現你的夢想。

粉紅色　天使在提醒你去敞開心，認出「你是無條件地被愛著」的真相，信任自己值得擁有幸福和美好，在接受與付出之間找到適合的平衡點，疼愛自己和照顧別人一樣重要。天使將希望之光放在你的心上，不論發生什麼事，愛永遠都在。

## 橘色

天使正為你帶來和諧與平靜，協助你從失望、悲傷和痛苦回到喜悅的懷抱，感受生命的活力與無限的可能。保持彈性，釋放掌控的需要，順應生命之流，通過目前的阻礙。在天使的眼裡，你如同一支輕盈的羽毛，你是自由且安全的，跟隨內心的衝動去探索這個世界吧！

## 黃色

天使在鼓勵你去實踐夢想，做真正會讓你感覺快樂的事，並且給予你信心和勇氣突破舒適圈。天使為你點亮眼前的道途，也點亮你意識的光，讓你能夠更覺察自己內心的渴望，也能帶著幽默感和好玩的心態去看待生活的經驗，現在就是揚起風帆啟程出發的時刻。

## 綠色

你是一個和平主義者，也是一個絕佳的傾聽者，你樂於分享助人，但是照顧好自己、不勉強自己也同樣重要。天使正在用純粹的療癒之光包圍你，為你消融擔憂、焦慮和自責，恢復身心的平衡與健康，不論外界是否有紛爭或干擾，在你的內心會保有一片寧靜。

## 咖啡色

你是家人和朋友心中的定心丸，只要你在的地方，總是能讓身邊的人感覺安心自在。雖然生活有責任和義務，但是你仍然有快樂的自由。天使在協助你看見事情的光明面，肯定自己的努力，跨出舒適圈去體驗更廣的世界，在人群與獨處之間找到適合的平衡點。

## 藍色

生命之所以變動，是為了帶來循環和更新，好讓能夠服務你最高益處的人事物得以來到你的生活。天使在提醒你去溝通和表達你的感受，尤其是在艱困或脆弱的時刻，敞開你的心和你的雙手，保持信任和樂觀，你的身邊有許多天使在支持你和陪伴你，一切安好。

## 藍綠色

天使在平衡你頭腦和心之間的連結，協助你看見你所經歷的困境和挑戰，其實都為你帶來珍貴的禮物。你是一個轉世經驗豐富的老靈魂，你試圖在生活的所有面向達到平衡，不想讓其他人擔心，但是讓人際關係更親密的方式，是去分享內在真正的感受，你可以不用一直很完美、很堅強。

**靛藍色** 天使正透過夢境、象徵符號，數字給予你指引，敞開你的心，信任你的直覺。對持續發生的同時性事件保持覺察，你確實走在正確的道路上，透過擬定計畫和實際執行，你能一步步地建構你渴望的未來，你所做的事能夠為自己和他人帶來激勵和啟發。

**紫色** 你是一個老靈魂，你如同神聖源頭的左右手，服務會帶給你滿足感和成就感。天使在提醒你，服務他人的同時，也要好好照顧自己的需要。你無須試圖尋找認可，或批判自己還不夠完美。你是神聖源頭不可或缺的一部分，你比你自己認為得還有更有智慧，你已經做得很好。

**紫紅色** 你深受心靈成長和神聖智慧的吸引，但是你不想被任何宗教、文化或團體所限制，你看到的是超越表象的合一本質。你正走在認識自己的道途上，當你離自己越近，你就離源頭越近。你是連結物質和靈性的橋樑，在天使的眼裡，你是他們的合作夥伴，你為這個世界帶來更多的光。

## 白色

你如同天使一樣純淨，對生命充滿好奇心，你活在當下，時時準備好迎接新的開始、新的可能和新的方向。天使在提醒你，簡化你的生活，保持正向的意圖，信任神聖秩序的安排，你所渴望的事物正在顯化的過程裡，一切都將完美地展開。

## 黑色

按部就班去執行計畫、達成目標並不是生命的全部，當你從靈性的眼睛看物質的世界，然後用物質的雙手成就靈性的價值，你會發現生活變得更豐富、更精彩，你值得被看見。天使正在為你的心田植入各式各樣的種子，你需要做的是滋養你自己，你的生活很快就會出現多彩的美麗花朵。

## 灰色

天使正在為你的生活帶來平靜和安定，保持積極和正向的念頭，試著去感覺自己的身體和情緒，不論是透過運動、瑜珈、舞蹈、唱頌，或到大自然裡走走，你會更容易發現驚喜與美好。你不是海洋裡的一滴水，在你之內，有一整個海洋，對這個世界來說，你比你以為的還要更重要。

銀色

你與天使之間有穩固的連結，你在生活裡發現寶貴的靈性智慧，透過不斷地內在覺察和反思，你對自己的渴望、目標和使命有了更清晰的視野。天使會透過偶然巧妙的安排，將一份禮物送到你手裡，對新的機會保持敞開，嘗試做些不同的事，你會在不經意的時候發現來自天堂的祝福。

金色

你肯定自己的價值，同時也欣賞別人的優點，你的言行舉止都充滿穩定而豐富的品質，為身邊的人帶來啟發和影響。天使在協助你擴展意識，對身為靈性存有的真相以及宇宙的智慧獲得更深的洞見。你的祈禱具有強大的療癒力，天使會透過你的聲音為這個世界帶來更多的光。

# 3

## 與天使溝通：透過你的超感官能力

每個人都能與天使建立連結、與天使溝通，只是連結和溝通的方式每個人可能會有所不同。有些人天生具有活躍的感官能力，他們不需要特別做些什麼，就能感覺到天使的存在。有些人對未知的實相保持敞開，能夠感知能量的變化和頻率振動，他們比較容易與天使建立連結。有些人則需要透過持續的練習，讓內在感官變得敏銳，才能進入神秘的領域。不論你是哪一類型，最重要的就是保持耐心和信任，事實上，即使是最厲害的靈媒也需要持之以恆的練習。

穩固的基礎才能建立穩定的連結管道，在開始使用超感官能力與天使溝通前，你需要先熟悉自己在能量層面的狀態，對自己的超感官能力類型有所認識，了解如何保護和淨化自己的氣場，以及如何開關超感官接收器。

# 3／1 氣場和脈輪｜Aura and Chakra

以第三次元物質實相的觀點來看，我們有肉眼看得到的身體 (physical body)，然而當我們從能量振動所構成的第四次元來看，除了身體，還有肉眼看不到的乙太體 (etheric body)。想像每個人都有一條屬於自己的生產線，你的信念、想法，以及對自己和外在世界的認知，是你的設計構想；你的設計構想會形成一套周密的設計藍圖，產生與乙太體相對應的振動頻率；依照你的設計藍圖，最終的產品會被開發出來，也就是你的身體和你所看見的物質實相。當你對自己的信念、想法和乙太體更覺察，你會更有意識地創造你的生命經驗。

氣場 (aura) 位於乙太體的最外圍，是我們與外界接觸的第一層能量上的皮膚，也可以叫做能量場 (energy field)。氣場是即時性的，會隨著你當下的情緒、念頭和周遭環境產生立即的變化，如實反應出你身心靈層面的狀態。氣場通常有不同的顏色，圍繞你身體前後左右上下加上一隻手臂長度（約 20 公分）的範圍。

當你感覺放鬆而自在，你的氣場會變得輕盈；當你充滿安全感，氣場會向外擴展，顯得飽和且明亮；當你處於喜悅的狀態，你的氣場會散發高度的磁力，將更多同質的能量吸引進你的氣場。相反的，當你處於緊繃狀態，你的氣場會變得稠密而難以流動；當你感覺憤怒，氣場的外圍會出現明顯的尖銳形狀；當你處於疲憊狀態，你的氣場會變得上輕下重，甚至會出現能量流失的空隙；當你感覺悲傷，氣場會出現數個圓形破洞。

天使是第五次元到第七次元的存有，散發著較高的振動頻率。當你處於放鬆、喜悅、安全和信任的狀態，你會更容易與天使建立穩固的溝通管道。如果你感覺緊張、憤怒、悲傷或疲憊，你會散發出較低的振動頻率，容易吸引非來自光與愛的存有靠近，因此你需要先調整好自己的狀態再進行連結（你可以使用「調整氣場和脈輪能量」的練習恢復內在的和諧與寧靜）。

乙太體主要的能量中樞叫做脈輪（chakra），分別沿著脊椎垂直排開，支持我們身體、情緒和靈性方面的運作，接收來自地球和宇宙充滿生命力和滋養的能量。脈輪是連結物質和心靈的媒介，每個脈輪與我們的身體和心靈有著不同層面的關聯，在運作時彼此會相互合作。隨著人類意識擴展，越來越多人對姆大陸（Mu

Continent）、列木里亞（Lemuria）、亞特蘭提斯（Atlantis）等古老文明的智慧充滿興趣，我們的脈輪也開始從第三和四次元的七個脈輪，進入第五次元的十二個脈輪，同時許多具有療癒使命的靈魂，也開始運用次要脈輪來接收和傳遞能量。

## 星系門戶脈輪｜Stellar Gateway Chakra

星系門戶脈輪由大天使麥達昶掌管，這裡超越時間和空間，儲存了一切你所能觸及的經驗，是你與神聖源頭連結的通道。星系門戶脈輪很像一個飛機場，你能夠從這裡出發前往其他星系和次元，也可以存取你的靈魂家族（family soul）、單子體（monadic body）或超靈（over soul）所蘊含的智慧。當你從星系門戶脈輪到另一個時空，你會啟動一座如同星光閃爍般的連結之橋，這座橋叫做安塔卡瑞納光橋（Antakarana Light Bridge）。然而，小我（ego）的存在會阻礙星系門戶脈輪的運作，造成與神聖源頭分離的幻象。

脈輪類型：主要脈輪

脈輪顏色：金橘色

脈輪位置：頭頂上方約 30 公分

## 靈魂之星脈輪｜Soul Star Chakra

靈魂之星脈輪由大天使瑪瑞爾掌管，這裡儲存了神聖的知識和宇宙的智慧，以及你靈魂累世所有的經驗。靈魂之星脈輪是你較高意識所在的地方，將來自源頭的神聖之愛不斷地傳遞至你整個身體和乙太體。隨著持續釋放和轉化限制性信念，你將有更多的空間容納高頻的光，也更能從較高意識的角度去理解這一世的任務和使命，完善自我價值的實現。當靈魂之星脈輪和星系門戶脈輪共同和諧運作，你就能在物質和靈性之間達到平衡。

脈輪類型：主要脈輪
脈輪顏色：紫紅色
脈輪位置：頭頂上方約 15 公分

## 因果輪｜Causal Chakra

因果輪由大天使克利斯提爾掌管，這裡儲存了人類集體意識的進展，以及你靈魂累世所有的選擇和決定。因果輪將來自源頭純淨的恩典之光傳遞至你的右腦，讓你得以對更寬廣而多元的意識敞開，透過你的直覺力和創造力看見更完整的視野，將靈性智慧的觀點帶入物質頭腦的架構和模式。當因果輪和靈魂之星脈輪共同合作，你會更清楚每一個行動所帶來的結果，對靈魂永生的真相會有更深刻的體悟，對高頻存有的感知度會增加，和天使連結的管道也會更穩定。

脈輪類型：主要脈輪

脈輪顏色：白色

脈輪位置：頭後方約 8 公分

## 頂輪｜Crown Chakra

頂輪由大天使約菲爾掌管，是有限與無限接軌的地方，靈魂能夠透過身體去體驗物質實相，同時仍感受到來自神聖源頭的看照。你成為連結心靈和物質的橋樑，持續將侷限在個體、時間和空間的框架信念從狹隘的規範裡提升至無限可能的領域。你清楚知道自己是身為靈性存有的真相，你安處於永恆不變的恩寵裡，你感受到深刻的喜悅和平靜，你對無形的神聖能量敞開，從靈魂的視野在生活中落實、服務、分享和傳遞知識與技能。

脈輪類型：主要脈輪
脈輪顏色：金白色
脈輪位置：頭頂上方約1公分

## 眉心輪｜Brow Chakra

眉心輪由大天使拉斐爾掌管，這裡是進入內在觀點、啟動內在視覺的所在，也是頭腦和意識相遇的地方。小我在眉心輪通常特別活躍，因為一旦你選擇侷限了你的視野和思維，你就像失去方向的船隻，迷失在浩瀚的海洋。培養不只是看見，而是看穿的能力，你就能瓦解不支持你最高益處的干擾和幻象。當頂輪和眉心輪保持順暢的能量流動，你能夠從更多元的角度理解生命中發生的事，你知道你的信念和想法會創造相對應的實相，你會更專注地運用你的視覺想像力去創造，也會更有意識地顯化你真正的渴望。

脈輪類型：主要脈輪
脈輪顏色：白色帶一點淡綠色
脈輪位置：雙眉中間

## 耳輪｜Ear Chakra

耳輪是從眉心輪和喉輪延伸出來的次要脈輪，由大天使拉斐爾和麥可掌管，負責接收、過濾和傾聽的功能。當耳輪運作健康，你對新事物會保持敞開，你聽見深度，你有能力過濾不符合你核心信念的資訊，你可以分辨小我和內在的聲音，你將來自外界的言語轉譯成感受和理解。

脈輪類型：次脈輪
脈輪顏色：紫紅色
脈輪位置：雙耳內部

## 喉輪｜Throat Chakra

喉輪由大天使麥可掌管，這裡是傳遞你的真理、想法和感受的通道，不論是透過言語、肢體或文字。你清晰地表達自己的真理，為實踐人生使命採取必要行動，讓靈魂的渴望隨著聲音的振動頻率進行傳遞和創造。你有能力以充滿創意的方式與不同類型的人溝通，你知道沈默也是一種有力量的表達，你榮耀你的所言所行，散發出勇氣、力量和正直的品質，能夠激勵和啟發身邊的人。

脈輪類型：主要脈輪

脈輪顏色：皇室藍

脈輪位置：喉嚨

## 心輪｜Heart Chakra

心輪由大天使夏彌爾掌管，是儲存無條件之愛的地方，透過愛的流動連結所有的脈輪，這裡是超越小我侷限、創造愛的互助合作的地方，包括與自己的關係、與他人之間的關係、與神聖源頭之間的關係。你能夠在萬事萬物當中看見美，你珍惜資源，你感激你擁有的一切，你在接受愛和付出愛之間找到平衡，你透過寬恕和慈悲療癒了曾經的傷痛，你選擇信任，你敞開心，你散發出溫暖而慷慨的氛圍，對人類以及所有的生物展現無條件的接納。

脈輪類型：主要脈輪
脈輪顏色：白色帶一點淡粉色
脈輪位置：胸口中間

## 太陽神經叢｜Solar Plexus Chakra

太陽神經叢由大天使烏列爾掌管，這裡儲存了靈魂的使命感和意志力。你信任自己，同時也信任未知，你知道只要走在符合你人生使命的道途，你就必然會獲得所需的資源去達成目標、實踐夢想。你知道金錢、學歷、權勢、地位並不能定義真正的成功，你依循內在衝動和實際的步驟去嘗試心所嚮往的事，穩穩地向前邁出每一步，不疾不徐不求快。你肯定自己的價值，同時也看見別人身上的光芒；你自在展現自己，同時也協助其他人獲得屬於他們的成就。

脈輪類型：主要脈輪
脈輪顏色：紅色帶一點深金色
脈輪位置：胃部

## 掌心輪｜Palm Chakra

掌心輪是心輪的延伸，由大天使夏彌爾掌管，是感覺、引導、接收和傳遞能量的次要脈輪。掌心輪的顏色會隨著能量型態的不同而有所變化，與其他脈輪有密切的合作關係，因此許多能量療癒法會透過雙手來進行，讓失衡之處恢復平衡健康的狀態。當掌心輪、心輪、頂輪、因果輪、靈魂之星脈輪、星系門戶脈輪和地球之星脈輪運作順暢，雙手就不再受能量左進右出的限制，不但能同時接收和傳遞，也能承載更高頻純粹的療癒之光。

脈輪類型：次要脈輪
脈輪顏色：光譜中的任何顏色
脈輪位置：雙手掌心

## 臍輪｜Navel Chakra

臍輪由大天使加百列掌管，這裡儲存了來自靈魂內心深處的力量與和平，你尊重差異，看見集體中的交集與共識，你對不同的國家、文化、宗教、語言和群體展現高度的接受力，你能夠瓦解標籤和批判，超越框架和侷限，在每個人身上看見神聖之處，了解天地萬物源為一體的真相，為自己和身邊的人帶來和平包容的新視野。

脈輪類型：主要脈輪
脈輪顏色：亮橘色
脈輪位置：肚臍中心

## 臍下輪｜Sacral Chakra

臍下輪由大天使加百列掌管，這裡儲存了靈魂在人際互動裡產生的情緒和感受，也是內在創造力的來源。你信任自己存在的價值，你向內尋找自己真正的樣子，不再尋求外界的認可，也不再等待別人來完整自己的一生。你成為解開情感業力糾葛的鑰匙，你為自己所有的情緒和感受負起全然的責任，透過愛接納自己的過去、現在和未來，相信自己能夠創造也值得擁有幸福與快樂，也為所有的關係帶來和諧、支持、療癒和理解。

脈輪類型：主要脈輪
脈輪顏色：淡粉色
脈輪位置：肚臍下方約 3 公分

## 海底輪｜Root Chakra

海底輪由大天使加百列掌管，是物質生活的基礎，也是靈性得以顯化的王國。這裡如同一片肥沃的土壤，培育著靈魂的渴望和計畫，也像是你的身體，承載著你的靈魂，支持你去體驗這一世的旅程。你全然地信任生命，你穩定地扎根於地球，你珍惜並照顧自己的身體，你知道地球並不是靈魂的歸屬，但卻是此刻不可或缺的家。每一天，你充滿喜悅和期待，你明白即使靈魂永生，這一世也只有這一次，你珍惜有限的時間，把握當下去精進自己的靈魂。

脈輪類型：主要脈輪
脈輪顏色：銀灰色
脈輪位置：脊椎尾端

## 地球之星脈輪｜Earth Star Chakra

地球之星脈輪由大天使聖德芬掌管，與守護臍輪、臍下輪和海底輪的大天使加百列共同合作，是地球經驗的初始，是靈魂重生的地方，是啟動位於星系門戶脈輪的安塔卡瑞納光橋不可或缺的重要根基。唯有在地球之星脈輪先開始運作、穩定扎根，你才具備足夠的能力承載第五次元脈輪的能量，因果輪、靈魂之星脈輪和星系門戶脈輪也才能完整發揮功能。

脈輪類型：主要脈輪
脈輪顏色：深灰色或黑白兩色
脈輪位置：腳下約 30 公分

當你開始使用超感官能力，你就進入能量振動的領域，隨著你的意識擴展，你所散發的振動頻率會變得更輕盈、更快速，你的乙太體會更靠近第五次元的範疇，十二個主要脈輪會開始啟動，散發出高頻的揚升頻率，成為新世紀文明的療癒者、領導者、教學者、傳遞者，以及心靈科技（new spiritual technology）的先驅。

## 3／2 調整你的氣場和脈輪能量｜Energy Balancing

當你的氣場越輕盈、脈輪越平衡，你對能量的敏感度會越高，你所散發的振動頻率會提升，與天使連結的穩定度會增加，也越能感受到天使的來訪。你可以從以下的練習中任意挑選你感覺舒服的類型，或從第一個開始依序練習。在調整脈輪能量前，建議找一個安靜、讓你感覺放鬆且不被打擾的地方坐下來，雙手放在腿上，手掌心朝上，然後眼睛閉起來。

1 緩慢地深呼吸三次，每一次吸氣，感覺從鼻子吸入白色的光，將療癒和滋養的能量帶進你的脈輪，每一次吐氣，將沈重的能量釋放到地球的核心，讓大地之母將這些重擔轉化成正面的能量。

2 依照你的直覺選擇你感覺舒服、平靜的心靈音樂，不論是大自然的聲音、療癒或冥想音樂、水晶缽、頌缽或梵語唱頌都可以。音樂是純粹的能量共振，能夠快速地調整你的氣場和脈輪。

3 想像自己進入一個透明的光球，光球裡充滿紫色的光，紫色的光由下向上逐漸充滿你的氣場，消融所有在氣場裡的負面能量，整個人變得放鬆且輕盈。

4 想像一道金橘色的光從神聖源頭進入你的星系門戶脈輪、靈魂之星脈輪、因果輪，向下進入頂輪、眉心輪、耳輪、喉輪、心輪、太陽神經叢、掌心輪、臍輪、臍下輪、海底輪，一直貫穿到地球之星脈輪。感覺自己彷彿像一個小太陽，整個氣場散發出金橘色的光芒，充滿活力和生命力。

5 想像白色帶著粉紅色的光進入你胸口的位置，隨著無條件的愛與慈悲流入你的心，你的心輪像一朵花一樣綻放開來，閃耀著粉白色神聖的光芒。

6 想像深藍色的光進入你的喉輪，如同海水般在你的頸部上下流動，水面上漂浮著幾朵紅色的花，感覺你能真實且流暢地表達和溝通。

7 想像淡綠色的光從眉心輪進入，充滿你整個頭部，隨著淡綠色慢慢地轉變成白色的光，你的洞察力會變得更清晰，對周遭環境的變化會變得更敏銳。

8 想像你的頂輪如同一個漏斗般向上開啟，金白色的光從上往下如同瀑布一樣流入你的頭部，你會感覺充滿信任，知道自己並不孤單。

9 想像一條光的管道從脊椎尾端向下經過地球之星脈輪，再向下延伸進入地球的核心，來自大地之母滋養的能量順著管道進入你的地球之星脈輪，向上慢慢進入你的海底輪、臍下輪、臍輪、太陽神經叢和心輪，感覺自己穩穩地扎根於地球，知道自己很安全。

10 想像一條來自神聖源頭的線，依序串連你的十二個主要脈輪，線的另一端與地球核心相連，每一個脈輪開始歸於初始的位置，你會感覺平靜而安定。

把調整氣場和脈輪能量當成每日的練習，或是至少持續兩周，你會明顯感覺自己的振動頻率變得輕盈而穩定，你的思緒和情緒會更加平靜有序，你的睡眠品質和健康狀況會有所提升，同時你顯化和創造的能力會更有效率。

3／3 了解你的超感官能力類型｜Psychic Abilities

超感官能力是我們與生俱來的禮物，讓我們能夠直接與天使溝通，接收神聖的指引，然而沈重的壓力、限制性的信念、懷疑恐懼和脈輪能量的失衡都會造成連結管道的阻塞，因此許多人在成長的過程裡逐漸忘了如何使用超感官能力，也失去了與自己和源頭連結，彷彿是一個人被放逐在地球上，內心感覺很孤單、沒有目標和方向。但是，好消息是，這些超感官能力從未真的消失，一直存在於我們之內，只要我們有意願持之以恆的練習，你的超感官能力就能再次啟動！

每個人通常會有一至兩種主要的超感官能力，建議可以先加強練習使用，次要輔助的部分會自然地在適合的時候被啟動。以下介紹了六種不同的超感官能力類型，閱讀時，你會很快認出自己已經具備或潛在擁有的超感官能力。

**超視覺力｜Clairvoyance**

擁有超視覺力的人通常對色彩、影像、圖片有較高的敏銳度，能夠看見平常人肉眼看不見的能量。不論是透過肉眼直接看到，還是閉上眼時在腦海中浮現出畫面，都是超視覺力的範疇。

對應脈輪：眉心輪

**超感應力｜Clairsentience**

擁有超感應力的人通常具備明顯的同理心，在情緒或身體的感受度會很敏感，能夠感覺到別人的情緒或身體狀態，也能感覺到空間的磁場。例如，當天使靠近，你感覺身體週遭變得溫暖，甚至從身後出現天使擁抱你的感受，那麼很明顯你具備超感應力。

對應脈輪：心輪、掌心輪、臍輪、臍下輪

**超聽覺力｜Clairaudience**

擁有超聽覺力的人能夠在沒有人說話時，聽見清晰的念頭或文字，不論是在腦海裡播放出來，還是如同有人在你耳邊呢喃般出現。許多擁有超聽覺力的人會質疑自己是在自我對話，或是聽到的聲音是出於想像，而非來自天使的話語，然而在過濾小我的干擾後，就能聽見高頻的神聖指引。

對應脈輪：耳輪

**超覺知力｜Claircognizance**

擁有超覺知力的人常常會莫名知道某個人或某件事，即使沒有實質的證明或原因，對於所知的內容會很確信、很篤定，完全沒有任何質疑，在需要採取行動時，也會顯得很堅定。許多作家、演說家、藝術家或發明家具有這樣的能力，造就許多啟發人心的創作。擁有超覺知力的人最常說的話就是：不要問我怎麼知道，我就是知道！

對應脈輪：頂輪、因果輪、靈魂之星脈輪

**超味覺力｜Clairgustance**

擁有超味覺力的人平常對食物的味道會特別敏銳，沒有進食時，能夠在嘴裡嚐到味道。例如嘴巴裡突然出現海水鹹鹹的味道，但是你並不在海邊，那麼很可能是天使試著告訴你：現在是安排到海邊度假，或該泡個海鹽浴來淨化自己的時候了。

對應脈輪：喉輪

## 超嗅覺力｜Clairolfactory

擁有超嗅覺力的人通常對空氣中的味道會特別敏感，能夠聞到別人注意不到，或根本不存在的氣味。最常見的狀況就是當天使出現時，聞到淡雅的花香，或是與已逝親友接觸時，聞到與對方相關的氣味，例如香水味、菸味或任何會令你想起某個人或某段記憶的味道。

對應脈輪：喉輪

超感官能力與脈輪息息相關，當你的脈輪能量越平衡，你的超感官能力就會越敏銳，你的連結管道也會越穩定。許多人在接觸超感官能力開發時，對超視覺力會感到特別好奇，把大部分的專注力放在超視覺感官上，甚至會羨慕那些有能力直接看見天使或能量振動的人。然而，這正是多數人在學習過程裡會遇到的最大阻礙。

每一種超感官能力都有各自的獨特性，就如同每個人都有自己擅長的事物。比如說，觀察氣場顏色和脈輪狀況，有些人可以「看見」顏色，有些人可以「感覺」到顏色的溫度，有些人會「嚐」到顏色相對應的食物味道，有些人會「聞」到能夠聯想到顏色的氣味，有些人會「聽見」顏色的名稱，有些人則會毫無理由地「知道」是什麼顏色。不論是哪一種，重要的是你透過你擅長的超感官接收到了更多無形的資訊。練習保持敞開，不要預設立場，也不要限制自己一定要用什麼感官，把超感官能力開發當成一個自我探索的有趣旅程，往往會帶來最好的效果。

# 3/4 保護你的氣場和脈輪—Protection

保護氣場和脈輪是非常重要的，隨著你的靈性成長，你的氣場和脈輪會變得敏感且敞開，有時可能會遇到對你造成負面影響的能量。你或許有過這樣的經驗：你到一個地方，那裡剛發生爭執，你待一段時間後，感覺自己的頭昏昏沈沈，有種說不出來的疲倦。或是，一個朋友和你傾訴生活中的不愉快，聽著聽著你開始感覺頭部抽痛、胸口鬱悶、體力下降。這些都是能量對你的氣場和脈輪造成負面影響的例子。

在你啟動超感官接收器前，你需要先保護好你的氣場和脈輪。以下是我經常使用的保護方式，你可以從中選擇你有感覺的的類型。

## 靛藍色斗篷

靛藍色斗篷是大天使麥可的象徵之一，具有強大的保護力。想像大天使麥可在你肩上披上靛藍色的斗篷，長度完整蓋到你的腳底，將斗篷前面的拉鍊拉上，然後把斗篷的帽子戴上，帽子邊緣能蓋住你的眉心輪。當你穿上靛藍色斗篷，負面能量就無法穿透你，也不會吸引任何負面能量靠近。

## 保護祈請文

如果你開始透過超感官能力與天使連結，大天使麥可大概會是你最常接觸的夥伴。任何時候你需要保護，你都可以使用以下的祈請文獲得大天使麥可的幫忙。

> 大天使麥可，請守護我的安全，給予我信心和力量，用火焰消融一切負面能量和意圖。謝謝你！

## 金色保護光罩

金色是保護力最強大的顏色，想像金色的光從頭到腳包覆你氣場的外層，你會得到最完整的保護。當你出入磁場較低的場所，或人潮擁擠的地方，或是你從事醫療、諮商或能量療癒的工作，使用金色保護光罩能夠確保你不受到負面能量的侵襲。

## 反射鏡子

如果你感覺有人讓你能量耗竭，你可以使用反射鏡子來保護自己。想像在你和對方之間放了一面鏡子，鏡面朝向對方，將任何投射過來的負面能量反射回去，而朝向你自己的那一面，能夠確保你所給予出去的能量是堅定而柔軟、正向而不帶攻擊。當你使用反射鏡子，對方不會感覺被拒絕，會自然地離開或和你維持健康的距離。

## 3／5 淨化你的氣場｜Aura Cleansing

有時候你會感覺自己的氣場變得沈重黯淡，你並不需要因此而擔憂，你只需要好好把氣場淨化一番，很快就會恢復原本輕盈明亮的狀態。當我們對天使敞開，我們總是與愛連結，你的氣場會散發愛的振動頻率；但是在生活中你接觸到的人事物，可能會對你的氣場造成負面的影響，忙碌的生活步調也有可能會讓氣場的振動頻率降低。

當你的超感官能力變得越敏感，你會越需要淨化你的氣場來照顧你身心靈的平衡與健康。以下是我經常使用的淨化方式，你可以從中選擇吸引你的類型。

### 白光瀑布冥想

想像散發著白光的瀑布從高處向下沖刷著你的氣場，氣場內所有的負面能量會隨著瀑布流入地球核心，在那裡所有的負面能量都會被轉化成正面的能量再被釋放出來。你可以做幾次白光瀑布冥想，直到你感覺氣場變得輕盈乾淨。

## 泡澡

泡澡是一種絕佳的淨化方式，加入海鹽或喜馬拉雅岩鹽能夠很快地消除疲勞，也能有效地淨化氣場裡的負面能量。泡澡時，你可以播放讓你感覺放鬆或帶有療癒效果的音樂，同時視覺化自己的氣場變得乾淨。如果氣場裡的負面能量很沈重，建議連續七天，每天泡澡一次，一次約二十分鐘。

## 沐浴

沐浴是一種神聖的儀式，在許多文明裡，人們在朝拜或祭典前會先沐浴淨身，釋放負面能量，讓自己的心靈保持純淨，準備好對高頻的智慧敞開，接受來自宇宙純粹的療癒之光。沐浴對能量的淨化、提升和平衡有很好的效果，而且沐浴時光也非常適合用來覺察和反思。

## 運動

你的身體是你靈魂的載具，是你體驗生命不可或缺的夥伴。當你越珍惜自己的身體，越覺察身體的需要，定時定量做運動，你會發現自己變得更有效率、更落實，生活也會出現很大的進展。任何種類的運動都可以，重要的是付諸行動！

## 瑜珈

瑜珈在我的生活中佔了很重要的一部分，除了讓我的專注力提升、對自己的身體和呼吸更覺察外，也是我與天使連結的時刻。當我坐在瑜珈墊上，天使們會圍繞在我身邊，協助我透過瑜珈的動作獲得內在的療癒和整合，增加身體的循環和活力。

## 鼠尾草煙薰

使用鼠尾草煙薰是薩滿最常用的淨化方式，除了可以淨化氣場和脈輪，也可以淨化空間的磁場。白鼠尾草是我個人最常用的煙薰，淨化的效果比一般的鼠尾草要更顯著。通常市面上的鼠尾草煙薰已經製作成束，你只需要點燃前端（有葉子的部分），慢慢讓它燃燒，然後拿著尾端（莖梗的部分）沿著氣場外圍煙薰，或是使用大一點的羽毛將煙薰搧到你的氣場裡。

## 水晶

水晶的種類繁多，每一種水晶都有自己獨特的能量和功能。挑選水晶最好的方式，就是依照你的直覺選擇吸引你的水晶，或是先了解水晶的能量特質，再選擇你感覺需要的類型。你也可以將水晶放在眉心輪的前方，或是握在左手掌心，如果出現像電流般麻麻的感覺，或是身體突然放鬆下來，那麼你已經找到適合你的水晶了。

當我感覺疲憊或能量低落時，我特別喜歡使用以下的水晶來淨化我的氣場，當然你也可以選擇其他你感覺能夠為你帶來淨化效果的水晶。

### 拉長石｜Labradorite

拉長石具有強大的療癒力，如果你感覺氣場薄弱，或是很容易感到疲憊，拉長石能夠癒合你氣場的裂痕，避免能量繼續的流失。如果你在醫療機構工作，或是從事能量療癒，拉長石會是很好的選擇。將拉長石放在左手掌心，可以修復氣場、恢復元氣；放在右手掌心，則是將疲憊的能量釋放出去。

黑碧璽｜Black Tourmaline

黑碧璽能夠將負面能量轉化排出，恢復內心的平靜。黑碧璽也是效果強大的保護者，避免負面能量侵入你的氣場。如果你想要在氣場外圍加上一層防禦力，你可以將黑碧璽放在左手掌心；如果是要將負面能量排出，你可以放在右手掌心。

煙水晶｜Smoky Quartz

煙水晶對於釋放壓力和消極的思緒有很好的效果，也能保護你不受外界負面能量的干擾。如果你經常處於容易有爭執或衝突的地方，放一顆煙水晶在身邊吧！

## 淨化噴霧

淨化噴霧通常會使用精油、植物精萃（plant essence）、水晶等成分來製作，以噴灑的方式將淨化的能量融入氣場或空間裡。在連續給予療癒或解讀時，淨化噴霧會是很有用的小幫手。外出入住旅館時，我也會先使用淨化噴霧將旅館房間的四個角落和中心處噴灑幾次，很快就會感覺整個空間變得舒服乾淨。

## 大自然

樹木和土壤能夠帶來強大的療癒力量，如果你感覺能量低落，花點時間接近大自然，摸摸樹木，踏踏草地和土壤，你會感覺一股神奇的滋養能量進入你的氣場，讓你恢復活力和生命力。水也是一種很棒的淨化元素，尤其對釋放消極的情緒有很好的效果，你可以到海邊或河邊走走，飲用大量的水分也能協助負面能量和體內毒素的排出。

## 3／6 淨化你的脈輪｜Chakra Cleansing

淨化脈輪最有效的方式是透過冥想，引導淨化的能量進入脈輪，再將負面的能量釋放到地球核心進行轉化。你可以使用任何你感覺能夠將負面能量從脈輪帶離開的方法，或是透過以下簡單的雲朵冥想來淨化你的脈輪。

1 閉上眼睛，專注在呼吸上，每一次吸氣，從鼻子吸入充滿療癒和滋養的生命力，每一次吐氣，將身體裡所有沈重的負擔吐出，你會逐漸感覺放鬆，內心也更平靜。

2 想像頭頂上方出現一朵白色的雲，這朵白色的雲會清理負面能量，讓脈輪恢復輕盈乾淨的狀態。過程中，白色的雲可能會因為吸收了負面能量而變得比較沈重或灰暗，但是不用擔心，這朵白色的雲絕對有足夠的空間容納所有對你沒有益處的事物。

3 這朵白色的雲開始向下來到星系門戶脈輪，將這裡的負面能量吸收進去，你會感覺很輕盈，金橘色的光也會變得透亮。

4 白色的雲往下來到靈魂之星脈輪，將這裡的負面能量吸收進去，紫紅色的光變得閃耀。

5 白色的雲往下來到因果輪，將這裡的負面能量吸收進去，白色的光如同黎明般綻放出來。

6 白色的雲繼續往下來到頂輪，將這裡的負面能量吸收進去，然後依序經過眉心輪、喉輪、心輪、太陽神經叢、臍輪、臍下輪、海底輪，將每個脈輪的負面能量吸收進去。

7 最後白色的雲來到地球之星，將這裡的負面能量吸收進去，之後繼續往下進入地球的核心，在那裡所有的負面能量都會被轉化成正面的能量再被釋放出來。

8 靜靜感受這個淨化和轉化的過程，見證這些負面能量形成健康平衡的自然生態，也許是乾淨的水源，也許是茂密的森林，觀察你所看見的景象，深深感覺自己也是大自然的一部分，當你準備好的時候，就可以睜開眼睛。

## 3／7 開啟你的超感官接收器—Opening Up

開啟超感官接收器（psychic sensor）是一個調頻的過程，能夠在你與天使之間搭起一座橋樑，讓你成為傳遞意念和接收訊息的管道。在給予解讀諮商、療癒教學和冥想靜心前，我會透過調頻來提升我的振動頻率，敞開我的氣場和脈輪，然後邀請天使來到我身邊。

開啟超感官接收器的方法有許多種，選擇能夠讓你提升振動頻率，敞開氣場和脈輪，成為與天使連結的管道的方法就會是最適合你的。你也可以使用以下的步驟開啟你的超感官接收器：

1 閉上眼睛，想像金橘色的光從頭頂上方慢慢向下包圍你整個氣場，包括星系門戶脈輪和地球之星脈輪。

2 將專注力放到海底輪的位置，想像一條光的管道從脊椎尾端向下經過地球之星脈輪，再向下延伸進入地球的核心，穩固地與大地之母相連。

3 將專注力放到心輪的位置，這裡是你超感應力的核心。在內心對自己說：「開啟！」，然後想像你的心輪開始敞開，如同一朵白色的花慢慢綻放，花蕊閃耀著粉紅色的光芒。

4 將專注力放到臍輪和臍下輪的位置，這裡同樣是你超感應力的核心。在內心對自己說：「開啟！」，然後想像一朵亮橘色的花在臍輪慢慢綻放，另一朵淡粉色的花在臍下輪也慢慢綻放，兩朵花如同寶石般閃耀。

5 將專注力放到眉心輪的位置，這裡是你超視覺力（靈視力）的核心。在內心對自己說：「開啟！」，然後想像你的眉心輪如同一朵白色的花慢慢綻放，花蕊閃耀著淡綠色的光芒。

6 將專注力放到耳輪的位置，這裡是你超聽覺力（靈聽力）的核心。在內心對自己說：「開啟！」，然後想像深紫紅色的光從頭部的中心向耳朵兩邊像漩渦般擴散出去。

7 將專注力放到喉輪的位置，這裡是你超味覺力和超嗅覺力的核心。在內心對自己說：「開啟！」，然後想像深藍色的光充滿你的頸部、鼻腔和舌頭，感覺能量充滿這些區域。

8 將專注力放到頂輪、因果輪和靈魂之星脈輪的位置，這裡是你超覺知力的核心。在內心對自己說：「開啟！」，然後想像頭頂上方一朵金白色的花綻放開來，接著想像整個後腦充滿白色的光，最後一朵紫紅色的花在頂輪上方約 15 中分處綻放開來。

9 將專注力放回到地球之星脈輪，將你的意圖放在開啟安塔卡瑞納光橋上，一道金橘色的光很快地從地球之星脈輪沿著脊椎向上流動，一直到星系門戶脈輪，見證安塔卡瑞納光橋的出現。靜靜感受這個調頻的過程，現在你的超感官接收器已經完整啟動，你已經準備好接收天使的神聖指引。當你準備好的時候，就可以睜開眼睛。

當你完成以上調頻的步驟，你的超感官接收器就完成啟動，你的超視覺力、超聽覺力、超感應力和超覺知力會處於接收的狀態，能夠更清晰、更敏銳地看見、聽見、感覺到或知道來自天使的神聖指引。調頻是透過超感官能力與天使溝通不可或缺的重要步驟，不論是為自己或為別人尋求指引，先開啟你的超感官接收器，能確保你收到的是來自天使充滿愛與啟發的訊息。

開啟超感官接收器的調頻過程需要持之以恆的練習，每一次的練習，都會加強你與天使之間的連結管道，你的連結管道越穩定、越寬敞，你所能乘載和接收的訊息量和品質自然會增加。練習的過程裡，不要催趕自己，任何的緊張或焦慮會降低你的振動頻率，成為與天使連結的阻礙。把專注力放在你的進步上，你對自己的肯定和鼓勵，會增進你超感官能力的開發。

## 3／8 與天使見面：內在寧靜之所冥想｜Sanctuary

寧靜之所存在於你的心輪，是一個乙太空間，也是一個只屬於你的地方，唯有經過你的允許，其他存有才能拜訪。在那裡你可以很安心地與自己連結，回顧和檢視你的經驗，透過寧靜之所的變化覺察自己的內心，也可以邀請天使到那裡與你見面，給予你所需的指引或療癒。你可以使用以下的冥想步驟進入你的寧靜之所：

1 閉上眼睛，想像金橘色的光從頭頂上方慢慢向下包圍你整個氣場，包括星系門戶脈輪和地球之星脈輪。

2 想像一條光的管道從脊椎尾端向下經過地球之星脈輪，再向下延伸進入地球的核心，感覺自己穩穩地扎根於地球。

3 想像你的胸口散發出白色和粉紅色的光，隨著你的呼吸，感覺自己慢慢變小，融入你心輪的光中。

4 想像你的前方出現一道門，觀察一下這個門的樣子、顏色、材質和狀態。這個門將通往你內在的寧靜之所，一個專屬於你的秘密殿堂。花一點時間想想你的寧靜之所會是什麼樣子，那裡可以是一個你曾經去過的地方、一個你計畫要去的地方、一個你感覺舒服自在的地方，也可以是一個你想像出來的地方。寧靜之所可以是在戶外，也可以在室內。把你的邏輯思緒暫時放到一邊，讓你的想像力自由發揮。

5 當你準備好的時候，打開這道門，然後關上它。你現在進入了你的寧靜之所，觀察一下這個地方，盡可能專注在細節上。

6 在你的寧靜之所找一個適合聊天的地方，然後在那裡坐下來。現在你已經準備好邀請天使來拜訪，在心裡祈請：「我的守護天使（或任何其它類型的天使），請來到我身邊，讓我感覺到你的出現。」

7 保持穩定且緩和的呼吸，當你的身心處於放鬆且專注的狀態，你的超感官接收器會維持敏銳的感知度，你會更快發現天使的到來。如果你擁有超視覺力（靈視力），你可能會看見閃光、顏色或畫面；如果你擁有超聽覺力（靈聽力），你可能會聽見讓你感覺安全的聲音（天使的聲音有時會很像你自己的說話的聲音，別因而忽略了喔！）；如果你是超感應力的類型，你可能會感覺到周圍溫度的變化，或是身上有被擁抱的感覺；如果你是超覺知力的類型，你可能會莫名知道天使已經在你身邊了。剛開始練習時，你可以多花一些時間在這個步驟上，依序使用不同的超感官能力來「接收」，避免不停地重複敘述你的祈請文。

8 觀察來訪天使所帶給你的感受，如果你有問題想要詢問，你可以在心裡祈請天使給予你指引。然後，再次將專注力放在「接收」上。如果當下你沒有收到任何明確的訊息，你可以請天使在接下來的一周內透過生活或夢境持續給予你指引。

9 不論你是否感覺到天使的來訪，在會面結束時，對天使或在心裡表示感激，請天使協助你在生活中看見更多與天使相關的徵兆，然後與天使告別。

10 走回到寧靜之所的大門，打開門，然後關上它。現在做幾次深呼吸，每一次的呼吸都會讓你更感覺到自己的身體，以及你的周遭環境。當你準備好的時候，就可以睜開眼睛。

# 3／9 練習注意細節｜Noticing Details

有些人開啟了超感官接收器，也有強烈的溝通意圖，卻還是沒有收到訊息，那麼很可能是因為沒有注意到天使的回應。在尋求指引後，你的超感官接收器就會開始運作，你需要注意每個超感官的細微變化，例如忽閃而過的念頭、突然出現的感覺、內在聲音的呢喃等。對周遭環境保持覺察，因為天使的回應經常會透過象徵符號和同時性事件出現。你的夢境也是天使回應你的絕佳渠道，花時間觀察夢境中出現的人事物，以及夢境內容帶給你的感受。事實上，在你詢問的同時，答案正同步浮現；從來不是沒有答案，而是答案正等待被你發現。

透過超感官能力來接收指引時，信任你所看見、聽見、感覺到和知道的一切是非常重要的，因為質疑和否定而導致錯過或忽略了天使的回應是最常遇到的狀況。前一章關於小我的描述能夠幫助你分辨什麼是小我的聲音，持續將阻礙你連結的事物移除，保持全然的信任，你會在生活中得到奇蹟般的印證。請記得，印證是給那些原本就已經信任的人的再次確認，而非給那些「給我證明，否則不信」的人的證據。

## 3／10 關閉你的超感官接收器——Closing Down

開啟超感官接收器可以建立你的連結管道，當你沒有使用時，要把超感官接收器關閉，才不會處於隨時隨地都在接收和無意識在感應的狀態。當我解讀、諮商和教學結束後，我會把超感官接收器關起來，在睡前我還會再做一次。你可以使用以下步驟關閉你的超感官接收器：

1 閉上眼睛，想像金橘色的光從頭頂上方慢慢向下包圍你整個氣場，包括星系門戶脈輪和地球之星脈輪。

2 將專注力放到心輪的位置，這裡是你超感應力的核心。在內心對自己說：「關閉！」，然後想像你心輪的光逐漸變暗，如同一朵白色的花慢慢變成花苞。

3 將專注力放到臍輪和臍下輪的位置，這裡同樣是你超感應力的核心。在內心對自己說：「關閉！」，然後想像位於這個脈輪的花慢慢變成花苞，光也慢慢變暗。

4. 將專注力放到眉心輪的位置，這裡是你超視覺力（靈視力）的核心。在內心對自己說：「關閉！」，然後想像你眉心輪的光逐漸變暗，能量慢慢收起來。

5. 將專注力放到耳輪的位置，這裡是你超聽覺力（靈聽力）的核心。在內心對自己說：「關閉！」，然後想像深紫紅色的光從耳朵兩邊向頭部的中心收進來，然後慢慢消失。

6. 將專注力放到喉輪的位置，這裡是你超味覺力和超嗅覺力的核心。在內心對自己說：「關閉！」，然後想像位於頸部、鼻腔和舌頭區域的光逐漸變暗，能量慢慢收起來。

7. 將專注力放到頂輪、因果輪和靈魂之星脈輪的位置，這裡是你超覺知力的核心。在內心對自己說：「關閉！」，然後想像位於這三個脈輪的花慢慢變成花苞，光也慢慢變暗。

8. 將專注力放到海底輪的位置，想像一條光的管道從脊椎尾端向下經過地球之星脈輪，再向下延伸進入地球的核心，穩固地與大地之母相連。

9. 現在你的超感官接收器已經關閉完成，你可以選擇使用任何你感覺適合的方式保護自己的氣場和脈輪。當你準備好的時候，就可以睜開眼睛。

為了能夠適應物質實相，以及生活的安全所需，我們的身體五感（視覺、聽覺、觸覺、味覺、嗅覺）其實一直處於接收狀態，例如出門前會看看窗外天氣、著裝穿衣拿東西、過馬路時會觀察來車、手機響了會聽到鈴聲、用餐時會聞到和品嚐到食物的風味等。由於我們的身體感官和超感官有著不可分割的連結，隨著一天的開始和進行，我們的超感官接受器往往也會逐漸呈現微開啟的狀態，因此，任何時候你感覺氣場出現沈重感，或是頭腦裡出現擔憂或消極的念頭，你需要做的就是先淨化自己的脈輪和氣場，再進行保護；你也可以使用第五章的祈請文，讓天使為你帶來所需的療癒和守護。

# 4

## 與天使溝通：透過工具

除了透過超感官能力，你也可以使用不同的工具來建立與天使溝通的橋樑。不論是尋求指引、獲得洞見，還是做為提醒和覺察之用，這些神聖工具都是很容易上手的小幫手。依照直覺選擇吸引你的工具，持續使用一段時間，你與天使的連結管道會更穩定，你所接收到的訊息也會更豐富和清晰。

## 4／1 天使卡｜Angel Oracle Cards

天使卡是解讀天使訊息的實用工具，天使卡的圖像和文字經過特殊設計，與高頻能量相呼應，可做為傳遞天使指引的媒介。你可以透過天使卡接觸不同類型的天使，接收天使給予的神聖指引，過程中你會明顯感覺溫暖、平靜、充滿力量。市面上大部份的天使卡除了一組牌卡外，還會附上一本手冊，詳細解釋每張牌卡所代表的意義。最常見的天使卡是以神諭卡（oracle cards）的形態呈現，通常有 44 張或 50 張牌卡。神諭卡代表「正面思想的力量」，與塔羅牌（tarot cards）相同均能給予人們指引，不同處在於神諭卡沒有任何負面的圖像和文字。

熟悉天使卡使用的小訣竅：

- 閱讀天使卡手冊，了解每張牌卡的重要含義。
- 選擇一張牌卡，請天使給予你關於那張牌卡的意義，再將收到的訊息寫下來。

・選擇一張牌卡，將它放在枕頭下，請天使透過夢境教導你那張牌卡的意義。

想要更了解你的天使卡，你需要深入學習每張牌卡的意義，並且常常使用它，你會得到更完整、更豐富的指引。天使卡可以增強你的洞察力，讓思緒變得更清晰，在人生各個面向給予你協助，包括人際關係、金錢財務、健康、情緒、人生使命、家庭等狀況。使用天使卡可以讓你產生不同的見解，以更高的角度看事情，不論牌卡的解釋是否能馬上回答你的問題，請保持耐心觀察幾天，你會慢慢了解訊息當中的意義。

以下是天使卡解讀可能代表的意義：

・提醒你為目前狀況做出必要的轉變。
・給予身體、情緒、心智或靈性層面的療癒建議。
・給予你正在尋找的協助和指引。
・開啟你的覺察力，讓你能在生活中注意到重要的徵兆。
・為你帶來和平、寧靜的感受，讓你知道一切安好。
・指出你適合前進的方向、需要完成的目標，或是揭開潛藏的真相。

在熟悉天使卡的意義後，你可以嘗試使用「過去—現在—未來」的牌陣。「過去—現在—未來」的牌陣透露你生活裡某些面向，以及它們之間的關聯。代表「過去」的牌卡指出需要被療癒的地方，或是可以讓現在和未來發展得更好的部分；代表「現在」的牌卡指出你需要專注的地方，提醒你去觀察什麼正在發生；代表「未來」的牌卡指出一個可能發生的機會和狀態。

你可以依照以下步驟來使用「過去—現在—未來」的牌陣，獲得關於你過去、現在和未來的寶貴洞見，你會更深入了解你內在的渴望，覺察過去如何影響著你，看見什麼是能夠為你帶來最大益處的行動。

1 挑選牌卡之前，請天使將你包圍在白色的光裡。

2 將牌卡牌面朝下，握在手裡，祈請天使透過牌卡給予你關於「過去—現在—未來」的訊息，協助你對神聖指引保持敞開。你可以在心裡默念以下的祈請文，也可以用你感覺舒服的方式與天使建立連結：

來自光與愛的天使們，請給予我關於過去—現在—未來的指引，協助我保持敞開的心，擴展我的意識，提升我的振動頻率，允許更高智慧引領我看見真相，讓我有勇氣做出任何必要的改變。謝謝你們！

3 洗牌幾次，將牌卡放在桌上攤成一排，維持穩定而深層的呼吸，然後請天使協助你選擇三張最適合的牌卡，依序由左到右排開，翻開牌卡，讓有圖像文字的一面朝上。第一張卡是「過去」，代表事情發生的原因；第二張卡是「現在」，表示你目前最需要知道的事；第三張卡是「未來」，代表最有可能發生的狀況。

4 花幾分鐘仔細看看這三張牌卡，請天使加強你訊息接收的清晰度，然後信任你的直覺。你也可以使用牌卡附帶的手冊，透過文字說明，你會了解牌卡的細節，獲得更多靈感和洞見。

5 透過感謝天使來結束解讀，並請天使持續引導你，讓你能充分體悟解讀的意義。你可以使用以下的感謝文來結束解讀：

天使們，謝謝你們為我帶來的指引，請持續在生活中引導我。

6 將你選到的牌卡寫下來，或是將牌陣拍照下來。如果你無法完全了解你的解讀，你可以之後再回顧那些牌卡，信任你會在最適合的時候理解你在尋找的答案。

天使卡解讀是一份祝福，能夠提升你的視野和洞察力，協助你做出更完善的選擇、採取更適合的行動，你會深刻感受到來自天使的守護和支持，整個人充滿力量和信任。

## 4／2 塔羅牌｜Tarot Cards

不論你是在尋求解決方案、希望得到靈感和啟發、想要驗證自己的想法，還是渴望透過神聖的引導讓自己更有洞察力，你都可以透過抽取單張塔羅牌卡的方式與天使連結，獲得你所需要的指引。

市面上的塔羅牌種類有許多，如果你是初學者，建議可以先從傳統的偉特牌(Rider Waite Tarot Cards)開始，或者依照直覺為自己挑選一副讓你感覺舒服的塔羅牌。在使用一副塔羅牌一段時間後，你可能會突然被其他的塔羅牌吸引，這時候就代表你的能量有所轉變，新的塔羅牌能夠帶給你不同層面的指引，協助你前往下一波意識擴展的旅程。如果你擁有多副塔羅牌，你可以依照直覺選擇使用不同的牌卡。如果你感覺與你的塔羅牌失去連結，你可以選擇將它收進盒子裡，或是將它轉送給更適合的人，不論你的選擇是什麼，對你不再使用的牌卡表示感激，謝謝它曾給予你的協助。

塔羅牌有78張牌卡，如同天使卡，購買時通常也會附帶一本手冊，提供78張牌卡的詳細解釋，包括符號、顏色和數字的含義。塔羅牌有22張大牌、16張人物牌和40張小牌，不論是大牌、人物牌還是小牌，都有明顯的起承轉合。剛開始接觸塔羅牌時，你可以用看故事的方式依序了解每張塔羅牌，融入故事發展的情節裡，你會更容易熟悉整副塔羅牌。22張大牌的解釋涵蓋範圍較廣，有時可能會讓人覺得不夠具體，但是當你對22張大牌的了解更深入，你會更理解背後的智慧和潛藏的訊息。

透過塔羅牌，你可以詢問更具體的問題，例如：我今天需要知道什麼？關於這件事，我需要注意什麼？有些塔羅牌的圖片意象和解釋比較負面，然而即使是最負面的牌卡都可以正面地去詮釋它，例如：「塔」並非從高處墮落，而是瓦解限制性的框架和信念，建構符合你更高益處的新事物；「死亡」並非生命的結束，而是療癒舊傷痛或轉變負面的慣性模式；「魔鬼」並非欺騙和謊言，而是對自己誠實，重新檢視現況，放下掌控的需要，尊重每個人的選擇，允許每個人有自由選擇的權利。

你可以按照以下步驟來使用「單張牌卡」的牌陣，獲得關於目前狀況的重要指引。

1 挑選牌卡之前，請天使將你包圍在白色的光裡。

2 將牌卡牌面朝下，握在手裡，祈請天使透過一張牌卡給予你目前最需要的訊息，協助你以更高智慧洞察目前的狀況。如果你有具體的問題，你可以祈請天使引導你依循直覺選擇一張能夠為你帶來答案的牌卡。如果你希望天使給予你一個指引，你可以使用以下的祈請文：

---

來自光與愛的天使們，請給予我一個目前最需要的指引。謝謝你們！

---

如果你有具體的問題，你可以使用以下的祈請文：

---

來自光與愛的天使們，請針對〔你的問題〕給予我指引和洞見。謝謝你們！

---

3 洗牌幾次，然後將牌卡放在桌上攤成一排，維持穩定而深層的呼吸，然後請天使協助你選擇一張最適合的牌卡。你可以由左至右看看每張牌卡，你可能會發現有其中一張特別吸引你。你也可以手掌朝下由左至右感覺每張牌卡，注意你的手被哪一張牌卡所牽引。

4 翻開你選擇的牌卡，讓有圖像文字的一面朝上。花幾分鐘看看這張牌卡，你可能馬上就會得到清晰的答案。如果沒有，你可以翻閱牌卡附帶的說明手冊，或者請天使協助你理解牌卡所傳達的意義。

5 透過感謝天使來結束解讀，並請天使持續引導你。

你越常使用同一副牌卡與天使溝通，你與天使之間的連結就會越穩固。也許有時你選擇的牌卡沒有立刻帶給你具體的解釋，然而你可以將牌卡記錄下來，請天使協助你理解牌卡傳遞的訊息，並持續觀察接下來的一周內出現的徵兆。

## 4／3 靈擺— Pendulum

靈擺是探測術（dowsing）的一種，最初的探測術是使用分岔的樹枝或垂墜的器具，透過人體和手持物品間的細微振動來尋找水源和礦藏，具有神奇的準確度，後來成為十分熱門的占卜工具：占卜杖（dowsing rod）和靈擺（pendulum）。現在市面上可以買到的占卜杖通常是金屬材質，而靈擺在材質上則有比較多的選擇，例如可以用金屬鍊或繩線將水晶、金屬塊或石頭綑綁或銜接成垂吊狀即可。由於天使的振動頻率較高，使用水晶材質做成的靈擺比較容易與天使建立溝通管道。至於水晶的種類，可以依照你的直覺或喜好來選擇，如果你不清楚該怎麼選擇，建議先使用能夠增加洞察力和敏銳度的白水晶或紫水晶製成的靈擺。

銜接靈擺的金屬鍊或繩線的長度通常約 12 公分左右，底端懸吊一個平衡切割的三角錐或橢圓狀的水晶，為增加解讀的準確性，水晶尖端最好能對準地面。靈擺適合用於簡單的問題類型，回覆的答案通常有「是」、「否」、「不確定」

和「無法回答」四種類型。

當你的脈輪處於平衡的狀態，你就是一個最佳的能量傳導體。你的直覺會變得敏銳，能夠透過靈擺接收清晰準確的神聖訊息。因此，在使用靈擺與天使連結前，建議先調整好自己脈輪的狀況，在你感覺舒服穩定的時候才使用靈擺。以下是使用靈擺的簡單步驟：

1 用你的手掌心握住靈擺，讓靈擺與你的能量相融合。

2 祈請天使給予靈擺祝福，確保靈擺只會與最高的良善連結，為你帶來正向且具啟發性的訊息。

3 用食指和大拇指將靈擺的金屬鍊或繩線的一端拿起來，將手肘放在桌面上，水晶的尖端朝地面垂墜，另一隻手可以先握住水晶部分，讓靈擺維持靜止不動。

4 放鬆你手臂的肌肉，然後請天使透過靈擺分別給予你「是」、「否」、「不確定」和「無法回答」四種晃動反應，將這四種晃動反應記下來。

5 現在你可以在心裡默想你的問題，也可以使用以下的祈請文與天使連結：

來自光與愛的天使們，請針對我的問題，透過靈擺給予我指引。我的問題是：〔你的問題〕。謝謝你們！

6 專注在你的問題上，耐心等待並觀察靈擺自然產生晃動，你會得到天使透過靈擺給予你的答案。

7 詢問結束時，透過感謝天使來結束解讀，並請天使持續引導你。

## 4／4 靈應盤｜Ouija Board

靈應盤在十九世紀的歐洲是一種熱門的室內遊戲，後來演變成可以用來通靈問事的常見工具。靈應盤的底板通常印有英文字母、數字、文字和符號，搭配一個附有小指針和小滾輪的迷你三角板（planchette）。有些人認為靈應盤是危險的通靈媒介，可能會引來地縛靈或邪惡力量的靠近，甚至因而失去靈魂。事實上，不論你使用的是哪一種占卜工具，最重要的是選擇安全且頻率較高的地點，請天使用白色的光圍繞著你，陪伴你整個連結的過程，給予你必要的保護，同時明確要求只有來自光與愛的天使能透過你所使用的占卜工具給予你訊息和指引。

如果你感覺靈應盤並不是你適合使用的占卜工具，請信任自己的直覺，不要去嘗試。靈應盤不適合獨自使用，每個參與靈應盤解讀的人都需要確保自己的振動頻率處於較高狀態，身體也沒有不適的症狀，才能使用靈應盤。另外建議只有在你與天使有穩固連結的狀態下，再使用靈應盤的連結方式。使用靈應盤前，要先請大天使麥可守護整個過程，並且確定與你連結的是來自光與愛的天使，你可以使用以下的文字邀請天使透過靈應盤與你連結：

> 大天使麥可，請確保只有來自光與愛的天使們能夠透過靈應盤傳遞正面的啟發與洞見。請用白色的光圍繞著參與其中的每一個人，將任何試圖靠近的低頻或負面能量進行清理，守護整個過程以及每個人的安全。謝謝你！

把三角板擺在「開始」的位置，每個參與者將其中一隻手的食指放在三角板上，然後由其中一人代表提問，建議事先將問題寫在紙上，或是依照直覺詢問。你可以使用以下的祈請文提出你的問題：

> 來自光與愛的天使們，請針對以下問題透過靈應盤給予我們指引。我們的問題是〈問題描述〉。謝謝你們！

問完後，保持耐心和信任，維持緩和且穩定的呼吸頻率，不要強迫三角板移動。當三角板開始有反應，將三角板尖端指出的文字訊息記錄下來。任何時候，如果參與靈應盤解讀的人感覺不舒服，想要停止使用靈應盤，你可以使用以下的文字：

> 大天使麥可，請給予參與靈應盤解讀的每個人最完整的保護，以神聖之光圍繞這個空間，將任何低頻有害的能量消融在純粹的白色淨化之光內，同時移除所有的恐懼和擔憂，並且安全地結束與靈應盤的連結。謝謝你！

當解讀完成，你可以使用以下的祈請文結束與靈應盤的連結，讓三角板移動至「結束」的位置：

> 大天使麥可，請安全地結束每個參與者與靈應盤的連結，用白色的淨化之光消融任何低頻的能量，並持續給予我們保護。謝謝你，也謝謝天使們捎來的訊息！

## 4／5 自動書寫｜Automatic Writing

自動書寫是一種暫時放開小我頭腦意識，讓更高意識或你的潛意識透過文字書寫將訊息傳遞出來的方式，有許多靈媒會使用自動書寫與特定的大天使、高靈或揚升大師連結，將訊息用書寫的方式接收下來。由於自動書寫是在自己的意識裡開放一個接收管道，與靈應盤相同，需要祈請大天使麥可的保護，全程使用白色的光圍繞你的氣場和整個空間。如果感覺身體不舒服，思緒比較混亂，或是處於低頻的空間場所，請不要用自動書寫的方式與天使連結。

自動書寫很簡單，你只需要一張紙和一支筆。做好自動書寫的前置準備後，包括請大天使麥可保護自動書寫的整個過程，以及用白光圍繞整個空間，將你的眼睛閉上，請天使將神聖的指引放入你的意識，變成具體的想法或文字，然後把眼睛睜開，在第一時間把你接收到的訊息寫在紙上，不要有任何停頓或思考。

寫完後，你可以閱讀紙上的內容，或者請天使協助理解文字要傳達的意義，如果有些內容讓你感覺低落、擔憂、迷失或有壓力，很可能是因為小我的介入，你可以與這些內容保持一些距離，從一個觀察者的角度切入，問問自己：我是否內心深處有恐懼或不信任？我可以做哪些事情來療癒自我否定、自我懷疑和自我破壞的模式？我可以如何強化內在力量？我可以實際採取什麼行動來加強對自己的信任？最後，透過感謝天使來結束自動書寫，並請天使持續引導你。

# 5

# 與天使合作

在物質和心靈層面給予我們協助是天使的職責之一，當你開始邀請天使進入你的生命，你會感覺更有信心和力量，你會知道一切安好，你會更清晰、更專注，你會發現更多的愛、智慧、慈悲與感恩之處。

# 5／1 保護 Protection

生活中難免會有不知所措的時候，當你處於令人不安的環境、遇到負面能量的干擾或擔心親友的安全，你都祈請天使的協助。以下列出不同類型的保護，你可以依照需求祈請天使給予你守護和力量。

## 保護孩童的安全

父母會擔心孩子的安危是正常的，然而孩子會感覺到來自父母的恐懼和擔憂，這會讓他們失去信任和安全的感受，彷彿處於一個危險的環境，壞人可能會突然襲擊他們。當你擔心孩子的安危，祈請天使的協助，讓他們用愛與保護包圍你的孩子，而非恐懼和擔憂，你的孩子一定會感覺很安心。

以下是你可以祈請天使保護小孩的例子：

- 你的孩子生病了。
- 你的孩子一個人在家。
- 你的孩子在學校可能被欺負。
- 你的孩子執意要做些你會擔心的事。
- 你的孩子獨自旅行或與同伴出遊。

不論造成你擔心的原因是什麼，天使都很樂意為你帶走擔憂。從你祈請他們的協助開始，天使就會出現在你和你孩子的身邊。你可以使用以下的祈請文為你的孩子帶來保護：

---

大天使麥可、薩菲爾和麥達昶，請保護我的孩子，給予他最完善的照顧，確保他一切平安。我信任我的孩子有你們的陪伴，會感覺充滿愛與力量。謝謝你們！

---

萊拉（Laylah）是守護孕婦和新生兒的天使，在希伯來文裡代表安眠的意思。你可以請天使萊拉前來守護你的新生兒，讓你的孩子被愛、慈悲和保護的能量所圍繞，能夠熟悉地球的環境、睡得安穩。

---

天使萊拉，請看照我的孩子，協助他適應他的身體和地球的環境，讓他知道他是深深地被愛著，讓他知道我們歡迎他的到來。請確保他的安全，同時為我帶來心安和平靜，協助我準備好成為父母的角色。謝謝你！

---

### 保護居家的安全

不論是出門遠行，擔心住家的安全，還是一個人獨自在家，擔心自己的安危，你都可以祈請天使來保護居家的安全，將內心的恐懼和擔憂轉化成信任和平安。大天使薩瑞爾除了能夠保護你的家園，還能協助你釋放不安的情緒，是一個絕佳的門神角色。

大天使薩瑞爾，請保護我的住家、所有的財物和居住在那裡的每個人，用白色的光圍繞我的居家環境，讓每個人感覺安全和安心，知道我們的家園是受到保護的。謝謝你！

## 確保親友的安全

我們都曾有過擔心自己所愛的人受到傷害或意外的經驗，一開始可能只是小小的擔憂，隨著時間拉長，變成揮之不去的恐懼。當你發現自己開始擔心，就是祈請天使給予保護的最佳時機。

以下是你可以祈請天使保護親友的例子：

- 親友回家的時間有拖延，而你聯絡不上對方。
- 親友感覺身體不適，而你感到擔心。
- 親友獨自回家，而你感覺擔憂。
- 親友正在面對挑戰，而你無法陪伴在他身邊。
- 親友正在經歷情緒的起伏，而你不知道該怎麼辦。

你可以透過以下的祈請文將你的擔憂轉化成正面的信任，當你這麼做，每個人都會因而受益。

---

大天使麥可、薩基爾和守護天使，請到我的親友身邊，給予他們保護，確保他們平安。請協助我轉化內心的擔憂和恐懼，以正面的信任取而代之。謝謝你們！

---

## 確保旅行安全

旅行充滿冒險和歡樂，但是去到一個不熟悉的地方，也可能會帶來焦慮和緊張。你可以邀請天使參與你的旅程，天使的一路同行會讓你感覺心安，即使出現任何突發狀況，你也會知道你並不孤單。你可以使用以下的祈請文請天使確保旅行安全：

---

大天使拉斐爾、麥可和烏列爾，請確保我的旅程順遂平安，引領我選擇適合的旅行路線，避開任何可能會受傷的情境。在我旅行的期間，確保我住家的安全。謝謝你們！

---

## 保護寵物和植栽

越來越多人將寵物和植栽當成家庭的一份子，當你邀請天使前來守護和療癒，所有的家庭成員，包括你自己，都會收到來自神聖源頭最純淨的光。

---

大天使夏彌爾和守護〔寵物名字或植栽品種〕的天使，請用無條件的愛圍繞〔寵物名字或植栽品種〕，給予〔寵物名字或植栽品種〕任何所需的陪伴、療癒和安全感，讓〔寵物名字或植栽品種〕時時安處在喜悅和健康的懷抱裡。請引導我取得適合的知識和資訊，讓我能夠更好地照顧〔寵物名字或植栽品種〕，並且在相處的時光裡，為彼此的生命創造更多愛的經驗。謝謝你們！

---

## 保護自然環境和野生動物

大自然是地球重要的資產，也是地球上所有生物的居住地。如果你想保護自然環境，提升人類對環保和生態的集體意識，你可以使用以下的祈請文為大地之母帶來療癒和保護：

大天使亞列爾、博克拜、瞿伊斯、佩彌尼利克和帕里米克，請看照大地之母和地球上所有的生物，給予他們所需的療癒和修復，保護大自然不受到侵害。請提醒我如何更和諧地扮演我的角色，成為守護地球的一份子，與其他地球的居民共同合作，創造一個更健康的生活環境。謝謝你們！

你也可以請大天使亞列爾、麥可和拉斐爾守護野生動物：

大天使亞列爾、麥可、拉斐爾，請看照野生動物，確保動物王國的和諧與平衡，給予牠們必要的保護，免於受到人為的傷害。請給予動物們療癒和陪伴，協助動物保護的政策積極發展和落實。謝謝你們！

如果有野生動物受傷或生病，你可以使用以下祈請文：

大天使亞列爾、拉斐爾和動物天使們，請協助受傷或生病的動物恢復健康，再次充滿活力和生命力。請用最純粹的療癒之光圍繞牠們，給予牠們支持和陪伴，讓牠們知道牠們並不孤單。謝謝你們！

# 5／2 人際關係｜Relationship

人際關係在生命裡佔了重要的比例，除了親密關係，還包括了友情、親情、睦鄰之情等各種不同的互動關係。和諧喜悅的人際關係能夠充實我們的人生，擴展我們的視野，豐富我們的經驗，並為彼此帶來無價的靈性寶藏。

**創造美好新戀情**

大天使夏彌爾能夠幫助你尋找真愛，獲得以愛為核心的穩定親密關係。你可以使用以下的祈請文創造美好的新戀情：

大天使夏彌爾，請給予我信心和勇氣，讓我看見自己值得被愛，也值得獲得真愛。請協助我找到真正適合我的對象：一個能夠支持我、鼓勵我、真心對待我的人，確保我們的相遇能夠為彼此帶來最大的祝福。我已經準備好去愛和被愛，請讓我在最完美的時刻遇見那個最適合我的人。謝謝你！

## 提升目前的親密關係

如果你想要在親密關係中，加強感情的基礎，增進彼此的溝通、信任和了解，你可以使用以下的祈請文提升目前的親密關係：

大天使夏彌爾和薩瑞爾，請為我目前的親密關係帶來深度的整合和提升，讓我們重新連結，點燃我們心中對彼此的愛與浪漫。請協助我們敞開心去傾聽，同時帶著慈悲和真誠去表達。請協助我們透過愛自己讓愛在彼此之間自在流動，讓信任在我們之間發芽茁壯。我願意對奇蹟敞開！謝謝你們！

## 吸引充滿愛的親密關係

如果你想釋放舊有傷痛，重拾對愛的信任，以全新的自己開始一段新的感情，創造充滿愛的親密關係，大天使薩瑞爾會很樂意協助你。

---

大天使薩瑞爾，請用無條件的愛包圍我的心，療癒來自過去的舊傷痛，協助我釋放任何的糾結和拉扯，尤其是罪惡感和不甘心的侵襲。請協助我寬恕、理解和接納曾經發生的事，我已經準備好放開過去，敞開心去愛、去擁抱真正屬於我的幸福。謝謝你！

---

## 創造和諧的人際關係

如果你的人際關係起了衝突或出現問題，大天使拉貴爾能夠化解責難、危機和誤會，帶來和平的互動與交流。你可以使用以下的祈請文創造和諧的人際關係：

大天使拉貴爾，請為我的人際關係帶來和諧，化解衝突的局面，協助牽涉其中的每個人以和平的方式溝通和互動，以每個人的最高益處為目前的問題帶來最適合的解決之道。謝謝你！

## 認識新朋友

如果你想要擴展自己的社交圈，大天使漢尼爾會給予你協助。你可以使用以下的祈請文創造認識新朋友的機會：

大天使漢尼爾，請協助我在生活中遇到新朋友，獲得真誠的友誼關係。我希望我認識的新朋友能夠與我共同創造充滿支持、鼓勵、平衡、歡樂和長久的關係，我已經準備好擴展我的社交圈，願意嘗試新事物，擁有新體驗！謝謝你！

## 修復感情裂痕

大天使夏彌爾是療癒情感傷痛的天使，能夠轉化負面的情緒或想法，為人際關係帶來祝福與愛。

---

大天使夏彌爾，請用療癒之光看照我與︹對象的名字︺的關係，化解負面的情緒和想法，癒合心底的傷痛與缺口，讓牽涉其中的每個人透過寬恕與慈悲來互動，讓我們能再次被愛和理解所圍繞。請在我的關係裡創造更多的和諧、平靜和喜悅，用愛加強彼此的連結。謝謝你！

---

## 5／3 人生使命｜Life Purpose

當你與你的人生使命同步，你會清楚自己的方向，對生命充滿熱情，在你所做的事情裡，找到深切的滿足感。你可以使用以下的祈請文找到自己的人生使命：

---

大天使夏彌爾和耶禾迪爾，我已經準備好與我的人生使命同步，依循內在熱情去落實夢想。請協助我釋放限制性的信念，給予我勇氣跨出舒適圈，激發我的潛力，讓我能更清晰地看見符合我最高益處的目標。謝謝你們！

---

## 5／4 學習進修｜Study

如果你想要提升專注力和分析邏輯能力，透過學習和進修獲得更多智慧和洞見，同時又能夠兼顧學業和其他事務，你可以使用以下的祈請文，讓大天使約菲爾來協助你。

---

大天使約菲爾，請給予我信心，點燃我想要嘗試新事物的渴望，提升我學習時的專注力，協助我吸收學習到的新知，讓我能從中獲得啟發與擴展。請釋放所有的緊張和擔憂，協助我在身負多項事務時找到平衡，讓我帶著好奇心和熱情去充實自己。謝謝你！

---

## 5／5 工作事業 — Career

當你從事你喜歡的工作，你會充滿熱情，在工作中獲得成就感；即使遇到挑戰，你也會有動力去嘗試和突破，找到最適合的解決方案。加迪爾（Gadiel）是帶來成功與富足的天使，在希伯來文裡象徵神聖的豐盛之流。大天使耶禾迪爾是能夠協助你事業發展的天使，如果你感覺自己在工作中並不快樂，工作對你來說似乎純粹是一種責任和義務，彷彿自己走錯了職業生涯的軌道，那麼你可以使用以下的祈請文為你的工作情況帶來改善。

---

大天使耶禾迪爾，請給予我信心，協助我看見自己的價值，讓我在工作中發揮潛力，獲得成就感、滿足和豐盛。請引導我往成功的方向前進，協助我選擇真正讓我感覺快樂的工作。天使加迪爾，請協助我展開事業發展的新道途，確保我在尋找新工作或新方向的過程裡一切順利。

謝謝你！

---

## 5／6 療癒｜Healing

### 確保身體健康

我們的身體具有自我療癒的功能，當我們過著符合大自然規律的方式生活，身體的自我療癒功能就會完好運作。然而現在人們很少覺察自己的身體狀況，甚至會暴飲暴食、熬夜通宵、飲酒過量、節食過度等，造成身體的負擔，直到身體產生病痛或不適，才發覺身體原來早已累積過多的毒素，失去了原本自我療癒的和諧運作。

如果要提升或恢復身體自我療癒的功能，我們需要和自己的身體更親近，選擇有品質的生活方式，盡可能攝取新鮮有機的食材，避免過度烹調造成養分的流失，減少防腐劑、調味料、人工色素、加工食品和糖分的攝取。你的身體一直都在與你對話，當你開始傾聽，並且在生活中做出正向的改變，身體就會與自然和諧的頻率同步，恢復自我療癒的功能。

身體是心靈的一面鏡子，你身體的狀態如實反映出你心靈的樣子，你的信念和思想會直接影響到你身體裡的每一個細胞。當你釋放限制性的信念，轉化有害的慣性行為模式，你的身體就會散發出充滿活力和生命力的振動頻率。你可以使用以下的祈請文提升身體自我療癒的功能，確保身體和諧與健康。

---

大天使拉斐爾，我已經準備好為我的健康做出正向的改變，請協助我選擇適合我身體所需的飲食和生活型態，轉化無益於健康的限制性信念和行為模式，讓我的身體與大自然的和諧頻率共振，確保身體自我療癒機制的完美運作，散發出活力與生命力。謝謝你！

---

## 療癒身體不適

天使能夠在各個層面給予你療癒，包含身體、情緒、心智和靈性。當你感覺身體不適，或正經歷疾病的侵襲，你可以使用以下的祈請文為你帶來身體的療癒。

---

大天使拉斐爾，請用最純粹的綠色療癒之光圍繞著我，讓神聖的療癒能量流入︵你感覺不舒服的地方或疾病所在之處︶，將所有堵塞的負面能量從我的身體、情緒、心智和靈性層面帶離開，恢復健康和平衡的狀態。謝謝你！

---

## 療癒情緒和精神方面的不適

情緒和精神方面的不適足以影響我們的生活品質，甚至讓我們失去活下去的動力和熱情。天使能協助你釋放痛苦的情緒，將積極和正面的能量帶入你的生命。任何時候你發現情緒或念頭變得消極，你可以祈請天使的陪伴，透過以下面對和轉化情緒的步驟，引導療癒之光進入灰暗之處，讓失衡的地方重新恢復平衡和生命力。

1 找一個安靜的地方坐下來，閉上眼睛，盡可能讓自己的呼吸沉穩下來。不要催趕自己，給自己足夠的時間調整呼吸。

2 當你感覺比較平靜，邀請大天使拉斐爾、麥可和薩瑞爾來到你身邊。

---

大天使拉斐爾、麥可和薩瑞爾，請來到我的身邊，讓我感覺到你們的出現，我需要你們的支持和療癒。謝謝你們！

---

3 與大天使拉斐爾分享你的感受，使用以下的祈請文啟動療癒之光，允許更高的整合與理解自然發生。

---

大天使拉斐爾，我已經準備好接受療癒，放下所有不再服務於我的包袱。請用最純粹的綠色療癒之光圍繞著我，清理所有的負面情緒和念頭，以愛和接納取而代之。謝謝你！

---

4

大天使麥可能夠支持你通過你所經歷的傷痛，重新找回力量。

大天使麥可，請給予我支持和保護，讓我有力量和勇氣重新出發，協助我看見生命中美好的事物，我渴望感覺愛、喜悅和平靜。謝謝你！

5

如果你的症狀和上癮有關，你可以祈請大天使薩瑞爾給予你和你的家人必要的協助。

大天使薩瑞爾，我已經準備好接受療癒，從無止盡的循環中跳脫出來。請讓我遇見能夠協助我跨越的專業人士和資源，引領我採取必要的行動，敞開心接納來自外界的幫助。請支持和安撫我的家人，帶給他們溫暖和療癒。謝謝你！

6

如果需要專業的輔導，你可以祈請大天使拉斐爾和麥可為你帶來適合的資源。

大天使拉斐爾和麥可，請讓我遇見能給予我最佳協助的專業人士，引領我採取必要的行動，我已經準備好接受來自他人的幫助。如果有任何適合我的書籍或課程，也請引領我注意到這些資源。謝謝你們！

7 靜靜安坐幾分鐘，持續穩定且緩和的呼吸，感覺療癒和整合已經發生。當你感覺準備好的時候，就可以睜開眼睛。

## 療癒離世帶來的悲痛

許多臨終的人以及他們的親友描述天使曾前往探訪，為他們帶來支持與安慰。事實上，沒有一個人會孤獨地離開人世。如果你的親友即將離世，你可以祈請大天使艾瑟瑞爾前來陪伴你所愛的人，協助他平安離開物質實相，進入充滿光與和平的星光界。

大天使艾瑟瑞爾會確保臨終的人不會在死亡時受苦，不論造成離世的原因是意外或長期病痛，同時協助還在世的家庭成員從悲痛中獲得療癒。如果你想要安撫失去所愛之人帶來的痛苦，你可以請大天使艾瑟瑞爾帶給你力量，支持你在生命裡看見祝福。

你可以使用以下的祈請文為臨終的人或最近剛離世的人帶來療癒，尤其是那些曾經歷創傷或意外的人們：

---

大天使艾瑟瑞爾以及療癒天使們，請圍繞在（臨終或已逝親友的名字）身邊，給予他支持與療癒，用神聖之光與無條件的愛包圍他，確保他離開人世的過程一路平安順遂。謝謝你們！

---

如果你正在經歷或曾經經歷過失去親友的悲痛，你可以使用以下的祈請文來釋放悲傷：

大天使艾瑟瑞爾以及療癒天使們，請給予我支持、力量與平靜，協助我療癒（已逝親友的名字）離開後留在我心裡的傷口，協助我接納（已逝親友的名字）已經離開人世的事實，協助我重拾對生命的喜悅與祝福，協助我看見我所擁有的一切美好，以及來自仍在世和已離世親友的愛與關心。謝謝你們！

## 5／7 豐盛富足｜Abundance

你可以透過祈禱和冥想，告訴天使你對豐盛與富足的渴望。祈禱和冥想能夠協助你專注在豐盛富足的意圖上，同時提升你的振動頻率，讓你需要的資源和你渴望的事物能夠更快地顯化在你的生活裡。花時間想想真正能夠帶給你喜悅的生活是什麼樣的狀態，如果你渴望的事物能夠利人利己利益眾生，奇蹟般的顯化往往很快就會發生。你可以使用以下的冥想練習來創造豐盛富足：

1 找一個安靜的地方坐下來，將你對豐盛與富足的渴望寫在紙上。

2 閉上眼睛，緩慢且沈穩的呼吸。當你吸氣時，將你渴望的事物吸引到你的生命；當你吐氣時，將所有的擔憂都釋放出去。

3 持續專注在你的呼吸上，覺察在吸氣和吐氣間，轉化和顯化正在發生。

4 邀請大天使拉吉爾、聖德芬、烏列爾和約菲爾來到你身邊，他們是能夠為你帶來豐盛富足的天使。請他們圍繞在你身邊，形成一個圓圈，將神聖的光與愛傾倒在你身上，所有你渴望的事物都出現在這個圓圈裡。深深地吸一口氣，感覺豐盛富足進入你的生命。

---

大天使拉吉爾、聖德芬、烏列爾和約菲爾，請來到我身邊，讓我感覺到你的來訪。請協助我將支持我落實最高益處的資源顯化在生命裡，讓我看見真正能帶給我喜悅和幸福的事物。謝謝你們！

---

5 想像你已經獲得你渴望的事物，想像你如何享受你的生活，想像喜悅和感激之情充滿在你之內。

6 祈請天使協助你看見你的價值，了解你值得獲得豐盛與富足，並且在生活中為你帶來靈感和啟發，引領你實踐夢想、創造你渴望的事物。

7 謝謝天使們為你帶來豐盛之流，讓你沈浸在滿滿的喜悅和滿足裡。當你準備好的時候，就可以張開眼睛。

天使樂於為你帶來祝福和奇蹟，要記得，你值得擁有美好的一切。保持敞開、祈禱、信任，然後準備好接受吧！

## 5／8 意識擴展和靈性智慧｜Consciousness Expansion

隨著你的靈性成長，你對事物會產生更深的見解，對無形的一切也會感到好奇，在覺察和學習的過程裡，你會感受到一種由內而生的喜悅。天使可以協助你擴展你的意識，引領你探索未知的實相，活出自己的目標，成為其他人的典範。你可以使用以下的祈請文來擴展意識，獲得靈性智慧：

---

大天使麥達昶、約菲爾和烏列爾，請協助我敞開心與頭腦，讓更高的智慧透過我的言行舉止落實到生活中，在困境中或需要做重大決定時，引領我看見最佳的解決之道，獲得內在的喜悅與平靜。謝謝你們！

---

如果你對因果輪迴有興趣，想要透過回溯你的轉世經驗，更深刻理解你靈魂累世的選擇和決定，同時啟動你最大的潛能，你可以使用以下的祈請文更深刻了

解靈魂永生的真相：

大天使瑪瑞爾和克利斯提爾，請協助我進入未知的實相，與累世的自己連結，以靈魂的角度看見生命中發生的事件，了解關係中的互動模式所傳達的訊息。請協助我專注於我的靈魂道途，洞察事物本質的真相，以符合每個人的最大益處而服務。謝謝你們！

如果你想要增強與源頭或一切萬有的連結，你可以使用以下的祈請文啟動安塔卡瑞納光橋：

大天使麥達昶和聖德芬，請協助我扎根於地球，讓源源不絕的生命力灌注至我的氣場和脈輪；請用金橘色的揚升之光包圍著我，並且開始啟動連結我靈魂和源頭的安塔卡瑞納光橋，讓高頻的宇宙智慧進入我的意識。謝謝你們！

如果你想從自然界獲得指引和啟發，你可以使用以下的祈請文加強對象徵符號的敏銳度：

大天使亞列爾、博克拜、佩彌尼利克、帕里米克和瞿伊斯，請協助我對大自然保持敞開，移除任何因過去經驗造成的恐懼和擔憂，不論是透過生活還是夢境，讓我能夠覺察出現的動物、昆蟲、鳥類、海洋生物、植物所教導的知識與洞見。謝謝你們！

如果你想要在變動中保持堅定和勇氣，你可以使用以下的祈請文讓自己更有力量：

大天使拉斐爾、麥可，以及我的守護天使，請協助我更有決心和勇氣放掉所有綑綁我靈魂的限制和痛苦，我渴望全新的生活和全新的自己，我願意並知道自己已經準備好做出任何必要的行動和決定，迎接符合我最高益處的新世界。謝謝你們！

如果你想要接納自身的光明面和陰暗面，跨越所有的分裂與差異，從二元走向合一，你可以使用以下的祈請文整合自己、再次出發：

---

大天使麥達昶、烏列爾和克利斯提爾，請協助我對源頭意識敞開，我願意接受純粹的療癒之光，我願意依循我內在的渴望去擬定目標和計畫，我願意在生活裡尋找喜悅和感動，我願意整理我的思緒和我的居家環境，我願意敞開心去信任，我願意臣服於未知，我願意用心表達和傾聽，我願意善待自己和他人，我願意接納真實的自己，我願意學習新事物，我願意為自己的經驗負起全然的責任，我願意讓我的心滿溢出無條件的愛，我願意重新開始。謝謝你們！

---

如果你希望透過夢境獲得洞見和啟發，你可以在睡前使用以下的祈請文，結束後，雙手合十放在胸前做六次深而緩的呼吸。

大天使耶利米爾、拉吉爾和薩瑞爾，我已經準備好做清明的夢，請協助我透過夢境持續獲得療癒、指引和學習，我願意鼓起勇氣去看見真相，我願意放掉不再服務我最高益處的人事物，我願意與我的較高意識共振，我已經準備好活出屬於自己的人生。謝謝你們！

## 5／9 與已逝親友連結｜Deceased Loved One

結束肉體生命後，靈魂會來到星光界等待下一次的地球之旅。很多人認為星光界是一個很遙遠的地方，事實上星光界是物質實相的鄰居，比我們想像得更靠近。如果你想要得到已逝親友的訊息，大天使艾瑟瑞爾會很樂意在物質實相和星光界之間搭起一座橋樑，將你的問候和祝福傳遞給已逝親友，或是將來自天堂的訊息帶來給你。你可以使用以下的祈請文與已逝親友連結：

---

大天使艾瑟瑞爾，請在我與〔已逝親友的名字〕之間建立一座連結的橋樑，將我的問候與思念傳遞給他。我想要對他說：〔你想對已逝親友說的話〕，請確保〔已逝親友的名字〕收到這份訊息。謝謝你！

---

大天使艾瑟瑞爾，請在我與︹已逝親友的名字︺之間建立一座連結的橋樑，協助︹已逝親友的名字︺來到我的夢境，讓我知道他一切安好。謝謝你！

天使樂意在任何事情上與你合作，沒有什麼是微不足道的小事，你可以在日常生活裡祈請天使的協助，讓他們成為你地球之旅的好幫手。

**修理東西**

當電腦出了問題，電器故障或車子無法發動，額外的支出或東西壞掉帶來的不方便，可能會讓你感覺煩惱或擔心，這時候你可以請天使來幫助你恢復物品的正常運作。

大天使麥可，請修理〔出現問題的物品名稱〕，讓它恢復正常功能的運作。如果我需要找專業人員來修理，請引領我找到適合的資訊。請協助我保持信任，將擔憂和煩躁釋放，確保問題能夠很快地獲得解決。謝謝你！

### 尋找物品

找不到東西總是讓人緊張，尤其在遺失有價值和有意義的物品時更是叫人坐立難安。下次當你掉了東西，記得祈請天使的協助，他們總是能奇蹟般地引領你找到遺失的物品。

大天使夏彌爾，我遺失了我的〔遺失的物品名稱〕，請協助我找到它，或是引領我發現它的所在之處。謝謝你！

祈請完後，記得保持信任，對突然出現的靈感或浮現的畫面保持覺察，然後準備好見證奇蹟的發生。

## 找停車位

在忙碌的城市裡尋找停車位常常令人感到焦慮，天使樂於為你解決這項難題。當你與天使合作一起找停車位，你會對這份貼心的協助感到驚奇！

---

大天使麥可，請帶走我內心的焦慮，引導我找到最靠近目的地的完美車位。謝謝你！

---

## 趕時間

不論是快遲到，還是可能錯過班機，不安的情緒總是讓人感到著急、不知所措。這時候，你可以祈請天使的協助，請他們確保你在趕路的同時，能夠一路順暢到達目的地。

大天使麥可，請安撫我焦急的情緒，確保我能在預定時間內順利抵達目的地。如果我無法在預定時間內抵達，請給予我更適合的解決方案，我信任一切都是以我的最高益處在進展，讓我能順利安排接下來的行程。謝謝你！

# 來自天使和卡米兒的祝福

希望《第一本天使書》讓你以較高的視野更深入了解這些來自光與愛的美好存有：天使，也希望這本書為你帶來一些啟發和尋找的答案。天使們，尤其是你的守護天使比你想像得更靠近你，他們已經準備好給予你指引，你需要做的就是祈請，然後讓你的思緒安定下來，靜靜地傾聽。

天使能夠在你生活的各個面向協助你，保持信任，你已經準備好與天使同行，在地球與天堂之間的旅程，你絕不孤單。你擁有天使的羽翼，放心去展翅高飛吧！

# 附錄A：守護十二星座的大天使

每個星座都有一位大天使守護，確保星系之間的和諧運行。如同大宇宙，在你之內也有一個小宇宙。你的個人星盤透露出哪些大天使為你這一世帶來特別的守護，你可以列出自己各個行星和上升落入哪個星座，然後在以下表格找出相對應的大天使，例如：月亮是大天使麥可、上升是大天使漢尼爾、土星是拉斐爾等，你也可以使用星座祈請文，邀請大天使協助你發揮屬於你的星座特質。

## 牡羊座 — Aries

**對應大天使**　大天使亞列爾

**特質關鍵字**　自信、創新、果決、好奇心、行動力

**星座祈請文**　大天使亞列爾，請協助我發揮牡羊座的特質，有勇氣跨出舒適圈去表達我的觀點，成為一個開創者，成就屬於我的價值，同時為身邊的人帶來啟發和行動的力量。謝謝你！

## 金牛座—Taurus

對應大天使　大天使夏彌爾

特質關鍵字　踏實、穩定、耐心、創造力、專注力

星座祈請文　大天使夏彌爾，請協助我發揮金牛座的特質，發揮禪定般的專注力，一步步去落實目標、實現夢想，獲得真正的滿足感和成就感，同時為我的人際關係帶來和諧與安定。謝謝你！

## 雙子座—Gemini

對應大天使　薩基爾

特質關鍵字　彈性、適應力、社交能力、勇於嘗試

星座祈請文　大天使薩基爾，請協助我發揮雙子座的特質，敞開心整合所有面向的自己，包括光明面和陰暗面，我願意創造真實而信任的人際關係，尊重彼此的差異性，接納每個人原本的樣子。謝謝你！

## 巨蟹座—Cancer

對應大天使　加百列

特質關鍵字　善良、熱心、包容、溫暖、情感豐富

星座祈請文　大天使加百列，請協助我發揮巨蟹座的特質，帶著對生命的熱忱活在當下，將較低的情緒提升成較高的感受，在照顧他人的同時，也懂得疼愛自己，在付出與接受之間安然自得。謝謝你！

## 獅子座—Leo

對應大天使　拉吉爾

特質關鍵字　慷慨、敞開、熱情、幽默、喜好和平

星座祈請文　大天使拉吉爾，請協助我發揮獅子座的特質，平衡力量的使用，信任自己的直覺，發揮協調能力和溝通能力，從戲劇化的情節裡跳脫出來，成為一個有力量的和平主義者。謝謝你！

處女座—Virgo

對應大天使　麥達昶
特質關鍵字　謙虛、謹慎、細心、上進心、責任感
星座祈請文　大天使麥達昶，請協助我發揮處女座的特質，放慢前進的腳步，看見生活裡的美好，享受幸福的時光，以鼓勵的方式支持自己成長，同時看見自己已經做得很好的地方。謝謝你！

天秤座—Libra

對應大天使　約菲爾
特質關鍵字　公平、優雅、浪漫、體貼、善於合作
星座祈請文　大天使約菲爾，請協助我發揮天秤座的特質，看見萬事萬物當中的美與愛，在物質與靈性、群體與個體、工作與家庭之間找到自在的平衡點，肯定自己的價值，勇於展現自己的觀點。謝謝你！

## 天蠍座——Scorpio

對應大天使　耶利米爾

特質關鍵字　獨立、神秘、熱情、直覺力、洞察力

星座祈請文　大天使耶利米爾，請協助我發揮天蠍座的特質，覺察內在的光，照亮眼前的道途，成為自己生命的主人，為自己和身邊的人帶來真實的洞見，明白自己本來就很完整。謝謝你！

## 射手座——Sagittarius

對應大天使　拉貴爾

特質關鍵字　正直、行動力、冒險精神、積極樂觀

星座祈請文　大天使拉貴爾，請協助我發揮射手座的特質，跟隨內在的衝動做著心所嚮往的事，帶著無可救藥的樂觀和腳踏實地的行動去探索生命的意義、創造渴望的人生、累積豐富的經驗。謝謝你！

## 摩羯座— Capricorn

對應大天使　艾瑟瑞爾

特質關鍵字　真誠、紀律、毅力、可靠、腳踏實地

星座祈請文　大天使艾瑟瑞爾，請協助我發揮摩羯座的特質，穿越恐懼和擔憂，以仁慈轉化挫折，以較高的視野檢視生命的經驗，敞開心去信任和接受愛，在屬於我的舞台上展現充滿自信的自己。謝謝你！

## 水瓶座— Aquarius

對應大天使　烏列爾

特質關鍵字　自由、理性、友善、遠見、樂於助人

星座祈請文　大天使烏列爾，請協助我發揮水瓶座的特質，讓理性和感性相互合作協調，在溝通與傾聽之間找到平衡，信任自己的直覺，說出自己的真理，果決地做出判斷。謝謝你！

## 雙魚座｜Pisces

**對應大天使** 聖德芬

**特質關鍵字** 仁慈、溫和、博愛、想像力、同情心

**星座祈請文** 大天使聖德芬，請協助我發揮雙魚座的特質，發揮強大的內在力量去突破所有的框架和限制，即使在面對困難的時刻，也能保有內在的平靜，帶著幽默感持續往前進。謝謝你！

# 附錄B：守護第五次元主要脈輪的大天使

第五次元的主要脈輪都有一位相對應的大天使守護，當你在調整氣場和脈輪能量時，除了觀想脈輪顏色外，也可以使用脈輪祈請文，邀請大天使參與整個過程，為你帶來所需的療癒和調整。

**星系門戶脈輪｜Stellar Gateway Chakra**

**對應大天使**　麥達昶

**脈輪的位置**　頭頂上方約 30 公分

**脈輪祈請文**　大天使麥達昶，請引導金橘色的光充滿我的星系門戶脈輪，協助我與神聖源頭、我的靈魂、我的靈魂家族、我的單子體連結，我知道我是完整而合一的。謝謝你！

**靈魂之星脈輪｜Soul Star Chakra**

**對應大天使**　瑪瑞爾

**脈輪的位置**　頭頂上方約 15 公分

**脈輪祈請文**　大天使瑪瑞爾，請引導紫紅色的光充滿我的靈魂之星脈輪，協助我記起累世的經驗、知識和技能，我知道我是一個有能力、有智慧的老靈魂。謝謝你！

因果輪—Causal Chakra

對應大天使　克利斯提爾

脈輪的位置　頭後方約８公分

脈輪祈請文　大天使克利斯提爾，請引導白色的光充滿我的因果輪，協助我更覺察自己的起心動念和言行舉止，我是平衡業力的鑰匙，我願意為我所有的經驗負起全然的責任。謝謝你！

頂輪—Crown Chakra

對應大天使　約菲爾

脈輪的位置　頭頂上方約１公分

脈輪祈請文　大天使約菲爾，請引導金白色的光充滿我的頂輪，協助我對神聖源頭和宇宙智慧敞開，我知道分離是幻象，我從未離開真正的家，我是集體實相的共同創造者。謝謝你！

眉心輪—Brow Chakra

對應大天使　拉斐爾

脈輪的位置　雙眉中間

脈輪祈請文　大天使拉斐爾，請引導淡綠色的白光充滿我的眉心輪，協助我以更高的角度去檢視生命的經驗，我善用我的信念、感受和言談，我是個人實相的創造者。謝謝你！

## 喉輪— Throat Chakra

對應大天使　麥可

脈輪的位置　喉嚨

脈輪祈請文　大天使麥可，請引導皇室藍的光充滿我的喉輪，協助我清晰地表達我的真理，透過文字和言語去激勵並啟發其他人。我榮耀我的所言所行，我充滿力量。謝謝你！

## 心輪— Heart Chakra

對應大天使　夏彌爾

脈輪的位置　胸口中間

脈輪祈請文　大天使夏彌爾，請引導淡粉色的白光充滿我的心輪，協助我對愛敞開，在付出與接受之間找到平衡點，散發出堅定而柔軟的氛圍。我願意去感覺、去信任。謝謝你！

太陽神經叢—Solar Plexus Chakra

對應大天使　烏列爾

脈輪的位置　胃部

脈輪祈請文　大天使烏列爾，請引導深金色的紅光充滿我的太陽神經叢，協助我依循內在的衝動去實踐我的夢想，展現自己的同時，也造福其他人。我是有力量的和平主義者。謝謝你！

臍輪—Navel Chakra

對應大天使　加百列

脈輪的位置　肚臍中心

脈輪祈請文　大天使加百列，請引導亮橘色的光充滿我的臍輪，協助我在每個人身上，包括我自己，看見神聖之處，我尋找交集而非差異，我擁有高度的接受力和包容力。謝謝你！

臍下輪—Sacral Chakra

對應大天使　加百列

脈輪的位置　肚臍下方約 3 公分

脈輪祈請文　大天使加百列，請引導淡粉色的光充滿我的臍下輪，協助我以愛轉化負面的情緒，創造和諧、溫暖、健康的人際關係。我尊重並擁抱柔軟的自己。謝謝你！

## 海底輪—Root Chakra

對應大天使　加百列

脈輪的位置　脊椎尾端

脈輪祈請文　大天使加百列，請引導銀灰色的光充滿我的海底輪，協助我全然地信任生命，珍惜自己的生命，愛護自己的身體。我擁有無限的資源去落實人生使命。謝謝你！

## 地球之星脈輪—Earth Star Chakra

對應大天使　聖德芬

脈輪的位置　腳下約 30 公分

脈輪祈請文　大天使聖德芬，請引導深灰色的光充滿我的地球之星脈輪，協助我穩定扎根於地球，平衡在我之內的男性和女性能量，我是完整的個體，也是完整的靈魂。謝謝你！

# 第一本天使書

作　　者　卡米兒
封面設計　Shanshan
內文設計　卡米兒
責任編輯　高佩琳

總 編 輯　林麗文
主　　編　林宥彤、高佩琳、賴秉薇、蕭歆儀
執行編輯　林靜莉
行銷總監　祝子慧
行銷企劃　林彥伶
出　　版　幸福文化／遠足文化事業股份有限公司
地　　址　231 新北市新店區民權路 108-3 號 8 樓
粉 絲 團　www.facebook.com/happinessbooks
電　　話　(02)2218-1417
傳　　真　(02)2218-8057

法律顧問　華洋法律事務所 蘇文生律師
印　　製　呈靖采藝有限公司

發　　行　遠足文化事業股份有限公司
地　　址　231 新北市新店區民權路 108-2 號 9 樓
客服電話　0800-221-029
傳　　真　(02)2218-1142
電　　郵　service@bookrep.com.tw
劃撥帳號　19504465
網　　址　www.bookrep.com.tw

初版一刷　2024 年 12 月
初版二刷　2025 年 2 月
定　　價　新台幣 480 元

書籍編號　0HIC0001
ISBN　978-626-7532-38-6（平裝）
ISBN　978-626-7532-39-3（EPUB）
ISBN　978-626-7532-40-9（PDF）

國家圖書館出版品預行編目（CIP）資料

第一本天使書 / 卡米兒著
-- 初版 -- 新北市：幸福文化出版社 2024.11
面；　公分 .--( 卡米兒；1)

ISBN 978-626-7532-38-6( 平裝 )

1.CST: 靈修 2.CST: 天使

192.1　　　　　　113014897